# Inteligência artificial

## FUNDAÇÃO EDITORA DA UNESP

*Presidente do Conselho Curador*
Mário Sérgio Vasconcelos

*Diretor-Presidente*
Jézio Hernani Bomfim Gutierre

*Superintendente Administrativo e Financeiro*
William de Souza Agostinho

*Conselho Editorial Acadêmico*
Danilo Rothberg
Luis Fernando Ayerbe
Marcelo Takeshi Yamashita
Maria Cristina Pereira Lima
Milton Terumitsu Sogabe
Newton La Scala Júnior
Pedro Angelo Pagni
Renata Junqueira de Souza
Sandra Aparecida Ferreira
Valéria dos Santos Guimarães

*Editores-Adjuntos*
Anderson Nobara
Leandro Rodrigues

MARGARET A. BODEN

# INTELIGÊNCIA ARTIFICIAL
## UMA BREVÍSSIMA INTRODUÇÃO

Tradução
Fernando Santos

editora
unesp

© 2016, 2018 Margaret A. Boden
© 2020 Editora Unesp

*Artificial Intelligence – A Very Short Introduction* is originally published in English in 2018. This translation is published by arrangement with Oxford University Press. Editora Unesp is solely responsible for this translation from the original work and Oxford University Press shall have not liability for any errors, omissions or inaccuracies or ambiguities in such translation or for any losses caused by reliance thereon.

*Artificial Intelligence – A Very Short Introduction* foi originalmente publicada em inglês em 2018. Esta tradução é publicada por acordo com a Oxford University Press. A Editora Unesp é o único responsável por esta tradução da obra original e a Oxford University Press não terá nenhuma responsabilidade por quaisquer erros, omissões, imprecisões ou ambiguidades em tal tradução ou por quaisquer perdas causadas pela confiança nisso.

Direitos de publicação reservados à:
Fundação Editora da Unesp (FEU)
Praça da Sé, 108
01001-900 – São Paulo – SP
Tel.: (0xx11) 3242-7171
Fax: (0xx11) 3242-7172
www.editoraunesp.com.br
www.livrariaunesp.com.br
atendimento.editora@unesp.br

---

Dados Internacionais de Catalogação na Publicação (CIP) de acordo com ISBD
Elaborado por Vagner Rodolfo da Silva – CRB-8/9410

---

B666i

Boden, Margaret A.
    Inteligência artificial: uma brevíssima introdução / Margaret A. Boden; traduzido por Fernando Santos. – São Paulo: Editora Unesp, 2020.

    Tradução de: *Artificial Intelligence: a very short introduction*
    Inclui bibliografia.
    ISBN: 978-65-5711-009-6

    1. Inteligência artificial. I. Santos, Fernando. II. Título.

2020-2670                                                                         CDD: 006.3
                                                                                        CDU: 004.81

---

Editora afiliada:

Asociación de Editoriales Universitarias de América Latina y el Caribe      Associação Brasileira de Editoras Universitárias

*Para Byron, Oscar, Lukas e Alina*

## Sumário

- 9 . Agradecimentos
- 11 . Lista de ilustrações
- 13 . Capítulo 1 – O que é inteligência artificial?
- 37 . Capítulo 2 – Inteligência geral como o Santo Graal
- 83 . Capítulo 3 – Linguagem, criatividade e emoção
- 111 . Capítulo 4 – Redes neurais artificiais
- 141 . Capítulo 5 – Os robôs e a vida artificial
- 165 . Capítulo 6 – Mas será que isso é inteligência de verdade?
- 199 . Capítulo 7 – A singularidade
- 231 . Referências bibliográficas
- 239 . Leituras complementares
- 241 . Índice remissivo

# Agradecimentos

Agradeço a estes amigos pelas sugestões extremamente úteis (os erros, é claro, são de minha responsabilidade): Phil Husbands, Jeremy Reffin, Anil Seth, Aaron Sloman e Blay Whitby. E a Latha Menon, pela compreensão e paciência.

## Lista de ilustrações

1. Problema do macaco e das bananas: como o macaco alcança as bananas? ................. 65
   Reproduzido de M. A. Boden, *Artificial Intelligence and Natural Man* (1977, p.387)

2. Um espaço de trabalho global em um sistema distribuído ................................ 173
   Adaptação, gentilmente autorizada, da p.88 de B. J. Baars, *A Cognitive Theory of Consciousness*, Cambridge: Cambridge University Press, 1988.

3. Semelhanças entre os termos do GW e outros conceitos consagrados....................... 174
   Adaptação, gentilmente autorizada, da p.44 de B. J. Baars, *A Cognitive Theory of Consciousness*, Cambridge: Cambridge University Press, 1988.

## Capítulo 1
## O que é inteligência artificial?

A inteligência artificial (IA) procura preparar os computadores para fazer o tipo de coisas que a mente é capaz de fazer. Algumas dessas coisas (como o raciocínio) são definidas normalmente como "inteligentes". Outras (a visão, por exemplo), não. Mas todas envolvem habilidades psicológicas – percepção, associação, previsão, planejamento, controle motor – que permitem que os seres humanos e os animais alcancem seus objetivos.

A inteligência não é uma dimensão única, mas um espaço ricamente estruturado com diferentes habilidades de processar informação. Consequentemente, a IA utiliza muitas técnicas diferentes e se dedica a muitas tarefas diferentes.

Além disso, ela está por toda parte.

As aplicações práticas da IA podem ser encontradas em casa, no carro (e no carro sem motorista), no escritório, no banco, no hospital, no céu... e na internet, incluindo a internet das coisas (que conecta o número cada vez maior de sensores físicos presentes em nossos equipamentos eletrônicos, roupas e ambientes). Algumas se encontram fora do nosso planeta, como os robôs enviados à Lua e a Marte, ou os satélites que orbitam no espaço. As animações de Hollywood, os jogos de vídeo e de computador, os sistemas de navegação por satélite e o motor de busca do Google são todos baseados em técnicas de IA. O mesmo acontece com os sistemas usados pelo setor financeiro para prever movimentos no mercado de ações, e pelos governos federais para ajudar a orientar decisões na área da saúde e dos transportes. E também com os aplicativos de telefones celulares. Acrescente ainda os avatares da realidade virtual e os promissores padrões emocionais desenvolvidos para os robôs "para o acompanhamento pessoal". Até mesmo as galerias de arte usam IA – em seus sites e também em exposições de arte digital. Infelizmente, drones militares povoam os céus dos campos de batalha modernos – mas, felizmente, o mesmo acontece com os robôs caça-minas.

A IA tem dois objetivos principais. Um é *tecnológico*: usar computadores para fazer coisas úteis (às vezes empregando métodos muito *diferentes* dos utilizados pela mente). O outro é *científico*: usar conceitos e modelos de IA para ajudar a responder perguntas sobre os seres humanos e outros seres vivos. A maioria daqueles que trabalham com IA se concentram apenas em um desses objetivos, mas alguns levam em conta os dois.

Além de produzir um sem-número de engenhocas tecnológicas, a IA influenciou profundamente as ciências da vida.

A IA permitiu, em especial, que psicólogos e neurocientistas desenvolvessem teorias convincentes a respeito da mente-cérebro. Entre elas estão os modelos de *como o cérebro físico trabalha*, e – uma questão diferente, mas igualmente importante – *o que exatamente o cérebro faz*: a que perguntas computacionais (psicológicas) ele responde e que tipo de processamento de informação permite que ele faça o que faz. Muitas perguntas continuam sem resposta, pois a própria IA nos ensinou que a nossa mente é muito mais rica do que os psicólogos tinham imaginado anteriormente.

Os biólogos também têm utilizado a IA – na forma de "vida artificial", que desenvolve modelos computacionais das diferentes características dos organismos vivos. Isso os ajuda a explicar diversos tipos de comportamento animal, o desenvolvimento da forma corporal, a evolução biológica e a natureza da própria vida.

Além de afetar as ciências da vida, a IA também tem influenciado a filosofia. Atualmente, muitos filósofos baseiam suas explicações da mente em conceitos de IA. Eles os utilizam para abordar, por exemplo, o famigerado problema da mente-corpo, o enigma do livre-arbítrio e os inúmeros quebra-cabeças relacionados à consciência. No entanto, essas teorias filosóficas são extremamente controvertidas. E existe uma profunda discordância sobre se algum sistema de IA poderia possuir inteligência, criatividade ou vida *verdadeiras*.

Por último, mas igualmente importante, a IA questionou a maneira como concebemos a humanidade – e o seu futuro. Na verdade, algumas pessoas ficam preocupadas em saber se teremos realmente um futuro, pois elas anteveem que a IA ultrapassará a inteligência humana em todos os sentidos. Embora alguns pensadores recebam bem essa possibilidade, a maioria a teme: que lugar sobrará, perguntam eles, para a dignidade e a responsabilidade humanas?

Todas essas questões são exploradas nos próximos capítulos.

## Máquinas virtuais

"Pensar em IA", alguém poderia dizer, "é pensar em computadores". Bem, sim e não. Os computadores, enquanto tais, não são o ponto principal. O que importa é o que eles *fazem*. Em outras palavras, embora a IA necessite de máquinas *físicas* (isto é, computadores), a melhor maneira de defini-la é pelo uso que ela faz daquilo que os cientistas chamam de máquinas *virtuais*.

Uma máquina virtual não é uma máquina representada na realidade virtual, nem algo parecido com um motor de carro simulado usado para ensinar mecânica. Pelo contrário, ela é o *sistema de processamento de informações* que o programador tem em mente quando cria um programa, e que as pessoas têm em mente quando o utilizam.

Um processador de texto, por exemplo, é concebido por seu criador, e experimentado por seus usuários, como algo que lida diretamente com palavras e parágrafos. Mas o programa, em si, não contém nenhum dos dois. E uma rede neural (ver Capítulo 4) é concebida como executando processamento de informações *em paralelo*, embora ela geralmente esteja implantada em um computador von Neumann (sequencial). Isso não significa que uma máquina virtual seja apenas uma invenção prática, algo simplesmente da nossa imaginação. As máquinas virtuais são realidades concretas. Elas podem fazer as coisas acontecerem, tanto dentro do sistema como (se estiverem conectadas a dispositivos físicos como câmeras ou mãos de robô) no mundo exterior. É raro que os operadores de IA que tentam descobrir o que deu errado quando um programa faz algo inesperado pensem em falha de hardware. Normalmente, eles estão interessados nas ocorrências e interações causais no interior do mecanismo *virtual*, ou software.

Linguagens de programação também são máquinas virtuais (cujas instruções têm de ser traduzidas para o código da máquina para que elas possam ser executadas). Como algumas são definidas em termos de linguagens de programação de nível inferior, é necessário traduzi-las em diversos níveis.

Isso não vale apenas para as linguagens de programação. As máquinas virtuais, em geral, são compostas de padrões de atividade (processamento da informação) que existem em diversos níveis. Além do mais, isso não vale apenas para máquinas virtuais que rodam em computadores. Veremos, no Capítulo 6, que *a mente humana* pode ser entendida como a máquina virtual – ou melhor, a interação mútua do conjunto de máquinas virtuais que rodam em paralelo (e desenvolvidas ou aprendidas em momentos diferentes) – que é implantada no cérebro.

O avanço da IA exige o progresso na definição de máquinas virtuais interessantes/úteis. Nada contra dispor de mais computadores *fisicamente* potentes (maiores e mais rápidos).

Eles até podem ser necessários para implantar determinados tipos de máquinas virtuais, mas não podem ser explorados a menos que máquinas virtuais *informacionalmente* potentes possam rodar neles. (Do mesmo modo, para que a neurociência avance, é preciso compreender melhor aquilo que os neurônios físicos estão implantando nas máquinas virtuais *psicológicas* – ver Capítulo 7.)

São utilizados diferentes tipos de informação do mundo exterior. Todo sistema de IA precisa de dispositivos de entrada e de saída, nem que seja um teclado e uma tela. Muitas vezes, também existem sensores para fins especiais (talvez câmeras ou filamentos sensíveis à pressão) e/ou efetores (talvez sintetizadores de som para música ou palavras, ou mãos de robô). O programa de IA se conecta com as – e produz alterações nas – interfaces computador-mundo, além de processar informações internamente.

O processamento da IA também inclui normalmente dispositivos *internos* de entrada e de saída, permitindo que as diferentes máquinas virtuais dentro do sistema interajam entre si. Por exemplo, uma parte de um programa de xadrez pode detectar uma possível ameaça ao perceber que algo está acontecendo em outro programa, e pode, então, fazer uma interface com um terceiro programa na busca de um movimento de bloqueio.

## Principais tipos de IA

O modo como a informação é processada depende da máquina virtual em questão. Como veremos nos outros capítulos, existem cinco tipos principais, cada um deles contendo muitas variações. Um é clássico, ou simbólico: IA – às vezes, chamado de Gofai (sigla em inglês de Good Old-Fashioned AI, a boa e velha IA). Outro são redes neurais artificiais, ou conexionismo. Além desses, temos a programação evolutiva, os autômatos celulares (ACs) e os sistemas dinâmicos.

Pesquisadores individuais geralmente utilizam um único método, mas também existem casos de máquinas virtuais *híbridas*. Por exemplo, o Capítulo 4 faz referência a uma teoria da ação humana que oscila continuamente entre o processamento simbólico e o conexionista. (Isso explica por que, e como, alguém pode se distrair de uma tarefa planejada ao perceber algo no ambiente não relacionado a ela.) E o Capítulo 5 apresenta um dispositivo sensório-motor que combina robótica "situada", redes neurais e programação evolucionária. (Esse dispositivo ajuda um robô a encontrar o caminho de casa usando um triângulo de papelão como ponto de referência.)

Além das aplicações práticas, essas abordagens podem explicar a mente, o comportamento e a vida. As redes neurais são úteis para modelar aspectos do cérebro e para fazer o reconhecimento e a aprendizagem de padrões. A IA clássica (especialmente quando associada a estatísticas) também pode modelar a aprendizagem, além do planejamento e do raciocínio. A programação evolutiva joga luz na evolução biológica e no desenvolvimento do cérebro. Os autômatos celulares e os sistemas dinâmicos podem ser usados para modelar o desenvolvimento em organismos vivos. Algumas metodologias estão mais próximas da biologia do que da psicologia, e algumas estão mais próximas do comportamento impulsivo do que do raciocínio deliberado. Para compreender a mente em sua plenitude, precisaremos de todas elas – e provavelmente de mais.

Muitos pesquisadores de IA não se preocupam em saber como a mente funciona: eles buscam eficiência tecnológica, não compreensão científica. Mesmo que suas técnicas tenham se originado da psicologia, veem agora pouca relação com ela. Contudo, veremos que o progresso na inteligência artificial geral, ou AGI, no acrônimo do nome em inglês, requer uma profunda compreensão da arquitetura computacional das mentes.

## O prenúncio da IA

A IA foi antecipada na década de 1840 pela senhora Ada Lovelace. Mais precisamente, ela antecipou uma *parte* da IA, concentrando-se nos símbolos e na lógica, sem vislumbrar as redes neurais ou a IA evolutiva e dinâmica. Tampouco se voltou para o objetivo psicológico da IA, já que seu interesse era puramente tecnológico.

Lovelace disse, por exemplo, que uma máquina "poderia compor peças musicais elaboradas e científicas de qualquer nível de complexidade ou alcance", e também poderia transmitir "as realidades magníficas do mundo natural", possibilitando "uma época gloriosa na história das ciências". (Portanto, ela não teria se surpreendido ao constatar que, dois séculos depois, cientistas estão usando Big Data e truques de programação especialmente concebidos para fazer avançar o conhecimento em genética, farmacologia, epidemiologia... a lista é infinita.)

A máquina que Lovelace tinha em mente era a máquina analítica. Esse aparelho com engrenagens e cremalheiras (nunca terminado) tinha sido projetado em 1834 por seu grande amigo Charles Babbage. Apesar de voltado para a álgebra e os números, equivalia basicamente a um computador digital de uso geral.

Ada Lovelace reconheceu a generalidade potencial da máquina e sua capacidade de processar símbolos que representavam "todos os assuntos do universo". Ela também descreveu diversos princípios da programação moderna: armazenamento de programas, sub-rotinas encaixadas hierarquicamente, endereçamento, microprogramação, *loop*, condicionais, comentários e até mesmo *bugs*. Mas não disse nada sobre *como, exatamente*, a composição musical ou o raciocínio científico poderia ser instalado na máquina de Babbage. Sim, a IA era possível – mas como torná-la realidade ainda era um mistério.

## Como tudo começou

O mistério foi esclarecido um século mais tarde por Alan Turing. Em 1936, Turing demonstrou que, em princípio, todo e qualquer cálculo pode ser realizado por um sistema matemático conhecido hoje como máquina universal de Turing. Esse sistema imaginário constrói, e modifica, combinações de símbolos binários – representados como "0" e "1". Depois de decifrar códigos em Bletchley Park durante a Segunda Guerra Mundial, passou o resto da década de 1940 refletindo sobre como a máquina de Turing abstratamente definida poderia ter um similar físico (ele ajudou a projetar o primeiro computador moderno, finalizado em Manchester em 1948), e como essa geringonça poderia ser induzida a ter um desempenho inteligente.

Ao contrário de Ada Lovelace, Turing aceitou os dois objetivos da IA. Ele queria que as novas máquinas fizessem coisas simples que supostamente exigiriam inteligência (talvez empregando técnicas extremamente artificiais) e também modelassem os processos que ocorriam em mentes com base biológica.

O ensaio de 1950 no qual ele jocosamente apresentou o Teste de Turing (ver Capítulo 6) pretendia ser, originalmente, um manifesto em defesa da IA. (Uma versão mais completa tinha sido escrita logo depois da guerra, mas a Lei dos Segredos Oficiais impediu sua publicação.) Ele identificou questões-chave acerca do processamento de informações contido na inteligência (capacidade de jogar, percepção, linguagem e aprendizagem), fornecendo dicas fascinantes acerca do que já tinha sido alcançado. (Só "dicas", porque o trabalho em Bletchley Park ainda era ultrassecreto.) Turing sugeriu até abordagens computacionais – como as redes neurais e a computação evolutiva –, que só se tornaram relevantes muito mais tarde.

Mas o mistério ainda estava longe de ser solucionado. Aqueles comentários eram muito genéricos: comentários programáticos, não programas.

A convicção de Turing de que a IA seria possível de algum modo foi reforçada no início dos anos 1940 pelo neurologista/psiquiatra Warren McCulloch e pelo matemático Walter Pitts. No ensaio "Um cálculo lógico das ideias imanentes na atividade nervosa", eles juntaram o trabalho de Turing a dois outros temas instigantes (ambos datados do início do século XX): a lógica proposicional, de Bertrand Russell, e a teoria das sinapses neurais, de Charles Sherrington.

O ponto principal da lógica proposicional é que ela é binária. Supõe-se que cada sentença (também chamada de *proposição*) é *verdadeira* ou *falsa*. Não existe nenhum meio-termo, nenhuma aceitação da incerteza ou da probabilidade. Somente dois "valores-verdade" são permitidos, a saber, *verdadeiro* e *falso*.

Além disso, proposições complexas são construídas e argumentos dedutivos são feitos utilizando-se operadores lógicos (como *e*, *ou* e *se-então*), cujos significados são definidos em termos da verdade/falsidade das proposições componentes. Por exemplo: se duas (ou mais) proposições estão ligadas por *e*, supõe-se que ambas/todas são verdadeiras. Portanto, "Mary casou-se com Tom e Flossie casou-se com Peter" é verdadeira se, e somente se, *tanto* "Mary casou-se com Tom" *e* "Flossie casou-se com Peter" forem verdadeiras.

McCulloch e Pitts podiam reunir Russell e Sherrington porque ambos tinham descrito sistemas binários. Os valores *verdadeiro/falso* da lógica foram transpostos para o movimento *ligar/desligar* das células do cérebro e as condições individuais 0/1 das máquinas de Turing. Sherrington acreditava que os neurônios não estavam apenas rigorosamente ligados/desligados, mas que eles tinham patamares fixos. Portanto, portas lógicas (que calculam *e*, *ou* e *não*) foram descritas como minúsculas redes neurais que podiam ser interconectadas para representar proposições extremamente complexas. Qualquer coisa que podia ser afirmada na lógica proposicional podia ser calculada por uma rede neural e por uma máquina de Turing.

Em suma, a neurofisiologia, a lógica e a computação foram agrupadas – e a psicologia também veio junto. McCulloch e Pitts acreditavam (como muitos filósofos da época) que a linguagem natural se reduzia basicamente à lógica. Portanto, todo raciocínio e opinião, da argumentação científica aos delírios esquizofrênicos, levava água para o moinho teórico deles. Eles previram um tempo em que, para a psicologia como um todo, "a especificação da rede [neural] contribuiria com tudo que poderia ser alcançado naquele campo".

A conclusão principal era clara: *uma única abordagem teórica* – a saber, a computação de Turing – podia ser aplicada à inteligência humana e à da máquina.

É claro que Turing concordou. Mas ele não conseguiu levar a IA muito adiante: a tecnologia disponível era muito primitiva. No entanto, em meados da década de 1950, máquinas mais potentes e/ou fáceis de manejar foram desenvolvidas. Nesse caso, "fácil de manejar" significa que era mais fácil definir novas máquinas *virtuais* (p. ex., linguagens de programação), que podiam ser facilmente utilizadas para definir máquinas virtuais de nível mais elevado (p. ex., programas para fazer cálculos matemáticos ou planejamento).

Pesquisas simbólicas em IA, em geral de acordo com o espírito do manifesto de Turing, começaram em ambos os lados do Atlântico Norte. Um marco do final dos anos 1950 foi o jogador de damas desenvolvido por Arthur Samuel, que ocupou as manchetes dos jornais porque aprendeu a ganhar do próprio Samuel. Foi um aviso de que, um dia, os computadores poderiam desenvolver uma inteligência *sobre*-humana, sobrepujando a capacidade dos seus programadores.

O segundo aviso desse tipo também aconteceu no final dos anos 1950, quando a Máquina de Teoria Lógica não apenas demonstrou dezoito dos principais teoremas lógicos de Russell como descobriu uma demonstração mais elegante para um deles. Foi algo realmente impressionante. Enquanto Samuel não passava de um jogador de damas medíocre, Russell era um expoente mundial no campo da lógica. (O próprio Russell ficou encantado com esse feito, mas o *Journal of Symbolic Logic* se recusou a publicar um ensaio de autoria de um programa de computador, principalmente porque ele não tinha comprovado um teorema *novo*.)

A Máquina de Teoria Lógica logo foi superada pelo Solucionador de Problemas Gerais (GPS, na sigla em inglês) – "superada" não no sentido de que o GPS poderia sobrepujar gênios ainda mais proeminentes, mas no sentido de que ele não estava limitado a um único campo. Como o nome sugere, o GPS podia ser aplicado a qualquer problema cujos objetivos, objetivos secundários, ações e operadores pudessem ser representados (como está explicado no Capítulo 2). Cabia aos programadores identificar os objetivos, as ações e os operadores relevantes para qualquer campo específico. Porém, uma vez feito isso, o *raciocínio* podia ser deixado a cargo do programa.

O GPS conseguiu resolver o enigma dos "missionários e canibais", por exemplo. (*Três missionários e três canibais em uma das margens de um rio; um barco em que cabem duas pessoas; como todos podem cruzar o rio sem que o número de canibais nunca seja superior ao de missionários?*) Isso é difícil até para seres humanos, porque exige que se volte atrás a fim de seguir adiante. (Tente fazê-lo usando moedas!)

A Máquina de Teoria Lógica e o GPS eram exemplos primitivos de Gofai. Na verdade, agora estão "ultrapassados". Mas foram "úteis" por terem sido os precursores do uso da *heurística* e do *planejamento* – ambos extremamente importantes na atual IA (ver Capítulo 2).

A Gofai não foi o único tipo de IA a ser influenciada pelo ensaio "Um cálculo lógico das ideias imanentes na atividade nervosa". O conexionismo também foi estimulado por ele. Na década de 1950, redes de neurônios lógicos McCulloch-Pitts – tanto as construídas com propósitos específicos como as simuladas em computadores digitais – foram utilizadas (por Albert Uttley, por exemplo) para modelar a aprendizagem associativa e os reflexos condicionados. (Ao contrário das redes neurais atuais, essas faziam processamento *local*, não *distribuído* – ver Capítulo 4.)

Contudo, a modelagem em rede primitiva não era inteiramente dominada pela lógica neural. Os sistemas implantados (em computadores analógicos) por Raymond Beurle em meados da década de 1950 eram muito diferentes. Em vez de redes de portas lógicas cuidadosamente projetadas, ele começou com conjuntos bidimensionais (2D) de unidades conectadas ao acaso e com diversos níveis. Para ele, a auto-organização neural se devia a ondas dinâmicas de ativação – criando, espalhando-se, persistindo, morrendo e às vezes interagindo.

Como Beurle percebeu, dizer que os processos psicológicos podiam ser *moldados por* uma máquina que desafiava a lógica não era dizer que o cérebro *realmente é* essa máquina. McCulloch e Pitts já tinham chamado a atenção para isso. Transcorridos apenas quatro anos do seu ensaio inovador, eles publicaram outro ensaio afirmando que a termodinâmica está mais próxima do funcionamento do cérebro que a lógica. A lógica deu lugar à estatística; as unidades isoladas, às coletividades; e a pureza determinista, ao ruído probabilístico.

Em outras palavras, eles descreveram o que hoje é conhecido como computação distribuída tolerante a falhas (ver Capítulo 4). Consideraram a nova abordagem como uma "extensão" da anterior, não uma contradição com ela. Mas ela era mais biologicamente realista.

## Cibernética

A influência de McCulloch sobre a IA primitiva foi muito além da Gofai e do conexionismo. Seu conhecimento de neurologia e de lógica transformou-o em um líder influente do nascente movimento cibernético da década de 1940.

Os especialistas em cibernética concentraram-se na auto-organização biológica. Ela abrangia diversos tipos de adaptação e de metabolismo, incluindo raciocínio e comportamento motor autônomos, bem como regulação (neuro)fisiológica. Seu principal conceito era "causação circular", ou feedback. E uma preocupação fundamental era a teleologia, ou intencionalidade. Essas ideias estavam intimamente relacionadas, pois o feedback dependia das diferenças de objetivo: a distância atual do objetivo era usada para orientar o passo seguinte.

Norbert Wiener (que projetou os mísseis antibalísticos durante a guerra) batizou o movimento em 1948, definindo-o como "o estudo do controle e da comunicação no animal e na máquina". Os especialistas em cibernética que faziam modelagem computacional geralmente se inspiravam na engenharia de controle e em computadores analógicos, em vez da computação lógica e digital. A diferença, no entanto, não era evidente. Por exemplo, as diferenças do objetivo eram usadas tanto para controlar mísseis guiados como para controlar a resolução simbólica de problemas. Além disso, Turing – o paladino da IA clássica – usava equações dinâmicas (que descreviam a dispersão química) para definir sistemas auto-organizados nos quais uma nova estrutura, como manchas ou segmentação, podia surgir de uma origem homogênea (ver Capítulo 5).

Entre os primeiros membros do movimento estavam o psicólogo experimental Kenneth Craik, o matemático John von Neumann. os neurologistas William Grey Walter e William Ross Ashby, o engenheiro Oliver Selfridge, o psiquiatra e antropólogo Gregory Bateson e o químico e psicólogo Gordon Pask.

Craik, que morreu (com 31 anos de idade) em um acidente de bicicleta em 1943, antes do advento dos computadores digitais, recorria à computação analógica quando pensava no sistema nervoso. Para ele, a percepção e a ação motora, e a inteligência em geral, eram guiadas pelo feedback de "modelos" existentes dentro do cérebro. Sua ideia de modelos, ou representações, cerebrais teria uma grande influência, mais tarde, sobre a IA.

Von Neumann tinha se debruçado sobre a auto-organização ao longo da década de 1930, e ficou muito entusiasmado com o primeiro ensaio de McCulloch e Pitts. Além de mudar seu projeto de computador básico de decimal para binário, adaptou as ideias deles para explicar a evolução biológica e a reprodução. Ele descreveu diversos autômatos celulares: sistemas compostos por um grande número de unidades computacionais cujas transformações seguem regras simples que dependem do estado atual de unidades próximas. Algumas destas podiam replicar outras. Von Neumann chegou até a descrever um replicador universal capaz de copiar qualquer coisa – inclusive a si mesmo. E dizia que os erros de replicação podiam levar à evolução.

Os autômatos celulares foram descritos detalhadamente por von Neumann em termos informacionais abstratos. Mas eles podiam ser corporificados de inúmeras maneiras, como robôs automontáveis, a dispersão química de Turing, as ondas físicas de Beurle ou – como logo ficou claro – o DNA.

A partir do final da década de 1940, Ashby desenvolveu o homeostato, um modelo eletroquímico de homeostase fisiológica. Essa máquina intrigante era capaz de se acomodar em um equilíbrio global quaisquer que fossem os valores atribuídos inicialmente a seus cem parâmetros (que possibilitavam quase 400 mil condições iniciais diferentes). Esse homeostato ilustrou a teoria da adaptação dinâmica de Ashby – tanto dentro do corpo (sem esquecer a mente) como entre o corpo e seu ambiente externo, por meio de uma aprendizagem baseada em tentativa e erro e do comportamento adaptativo.

Grey Walter também estava estudando o comportamento adaptativo – mas de uma maneira muito diferente. Ele construiu minirrobôs que pareciam tartarugas, cujo sistema de circuitos sensório-motores moldou a teoria dos reflexos neurais de Sherrington. Esses pioneiros robôs situados[1] apresentavam comportamentos naturais como busca da luz, desvio de

---

1 Segundo Fátima Regis Oliveira, em "Práticas de comunicação e desenvolvimento cognitivo na cibercultura", p. 8: "Robôs situados são descritos como autônomos: seu desempenho articula diretamente percepção do ambiente e ação, minimizando o papel da programação *top-down* e do raciocínio lógico-formal". Disponível em: <https://seer.ufrgs.br/intexto/article/view/19806>. (N. T.)

obstáculos e aprendizagem associativa por meio de reflexos condicionados. Eles foram exibidos para o grande público no Festival da Grã-Bretanha de 1951.

Dez anos depois, Selfridge (neto do fundador da loja de departamentos londrina Selfridges) utilizou métodos simbólicos para implementar um sistema de processamento basicamente paralelo chamado Pandemonium.

Esse programa de Gofai aprendeu a identificar padrões por meio de "demônios" localizados no nível inferior, cada um dos quais procurava um input perceptivo simples e transmitia seus resultados para demônios de nível superior. Estes avaliavam as características identificadas até então do ponto de vista da coerência (p. ex., somente *duas* barras horizontais em um F), minimizando todas as características que não se encaixavam. Os níveis de confiança podiam variar, e eles eram importantes: os demônios que gritavam mais alto influenciavam mais. Finalmente, um demônio-mestre escolhia o padrão mais plausível dentro das evidências (muitas vezes conflitantes) disponíveis. Essa pesquisa não tardou a influenciar tanto o conexionismo como a IA simbólica. (Um subproduto muito recente dela é o modelo de consciência Lida, sigla em inglês de Learning Intelligent Distribution Agent – Agente de Distribuição Inteligente do Aprendizado; ver Capítulo 6.)

Embora não tivesse muito interesse em máquinas, Bateson baseou suas teorias sobre cultura, alcoolismo e esquizofrenia de "duplo vínculo" da década de 1960 em ideias sobre comunicação (isto é, feedback) recolhidas em encontros de cibernética.

E, a partir de meados da década de 1950, Pask – descrito como "o gênio dos sistemas auto-organizados" por McCulloch – utilizou conceitos cibernéticos e simbólicos em inúmeros projetos diferentes. Entre eles estavam o teatro interativo, os robôs musicais intercomunicantes, a arquitetura que aprendia e se adaptava aos objetivos dos seus usuários, os conceitos quimicamente auto-organizados e as máquinas de ensinar. Como estas últimas permitiam que as pessoas tomassem diferentes caminhos através de uma representação complexa do conhecimento, eram adequadas tanto para o estilo cognitivo passo a passo como para o holístico (e uma tolerância variável da irrelevância) por parte do aprendiz.

Em suma, todos os tipos principais de IA estavam sendo analisados e até mesmo desenvolvidos no final da década de 1960 – e, em alguns casos, muito antes disso.

A maioria dos pesquisadores envolvidos é amplamente reverenciada hoje. Mas só Turing foi um espectro constante na festa da IA. Durante muitos anos, os outros foram lembrados apenas por parte da comunidade de pesquisadores. Grey Walter e Ashby, em particular, ficaram quase esquecidos até o final da década de 1980, quando foram enaltecidos (juntamente com Turing) como os avós da vida artificial. Para entender por que, é preciso saber como os criadores de computador se desentenderam.

## Como a IA se dividiu

Antes da década de 1960, não havia uma distinção clara entre as pessoas que moldavam a linguagem ou o raciocínio lógico e as que moldavam o comportamento motor intencional/adaptativo. Alguns indivíduos trabalhavam nas duas áreas. (Donald Mackay chegou até a sugerir a construção de computadores híbridos, combinando redes neurais com processamento simbólico.) E todos eram solidários uns com os outros. Pesquisadores que estudavam autorregulação fisiológica se consideravam tão engajados na mesma iniciativa global como seus colegas de orientação psicológica. Todos eles compareciam aos mesmos encontros: os seminários interdisciplinares Macy, nos EUA (presidido por McCulloch de 1946 a 1951), e a seminal conferência em Londres sobre "A mecanização dos processos de pensamento" (organizada por Uttley em 1958).

A partir de 1960, porém, um cisma intelectual começou a surgir. Em termos gerais, os interessados na *vida* permaneceram na cibernética, e os interessados na *mente* se voltaram para a computação simbólica. Os entusiastas da rede estavam interessados tanto no cérebro como na mente, é claro. Porém, como estudavam o aprendizado associativo em geral, não conteúdos de raciocínio semântico específicos, se enquadraram mais na cibernética do que na IA simbólica. Infelizmente, era escasso o respeito mútuo entre esses subgrupos cada vez mais separados.

O surgimento de distintos grupos sociológicos era inevitável, pois as questões teóricas feitas – biológicas (de diversos tipos) e psicológicas (também de diversos tipos) – eram diferentes. E o mesmo acontecia com as habilidades técnicas envolvidas: em termos gerais, lógica *versus* equações diferenciais. A especialização crescente tornou a comunicação cada vez mais difícil e em grande parte inútil. Conferências extremamente ecléticas passaram a ser algo do passado.

Ainda assim, a divisão não precisava ter sido tão desagradável. A sensação ruim do lado cibernético/conexionista começou como uma mistura de ciúme profissional e indignação justificada, provocados pelo enorme sucesso inicial da computação simbólica, pelo interesse jornalístico que acompanhava o termo provocativo "inteligência artificial" (cunhado por John McCarthy em 1956 para denominar o que até então tinha sido chamado de "simulação computacional") e pela arrogância – e propaganda fantasiosa – demonstrada por alguns simbolistas.

Os integrantes do campo simbolista foram inicialmente menos hostis, por considerarem que estavam ganhando a competição da IA. Na verdade, eles ignoraram em grande medida as primeiras pesquisas de rede, muito embora alguns de seus líderes (Marvin Minsky, por exemplo) tivessem começado nessa área.

Em 1958, porém, uma ambiciosa teoria da neurodinâmica – que descrevia sistemas de processamento paralelo capazes de aprendizado auto-organizado a partir de uma base aleatória (e tolerantes ao erro) – foi apresentada por Franklin Rosenblatt, e parcialmente implantada em sua máquina fotoelétrica Perceptron. Ao contrário da Pandemonium, ela não precisava que os padrões de entrada de dados fossem pré-analisados pelo programador. Embora essa nova forma de conexionismo não pudesse ser ignorada pelos simbolistas, ela foi imediatamente desprezada. Como está explicado no Capítulo 4, Minsky (juntamente com Seymour Papert) lançou uma crítica feroz na década de 1960, afirmando que os perceptrons eram incapazes de calcular coisas básicas.

Consequentemente, os recursos para a pesquisa de redes neurais secaram. Esse resultado, planejado deliberadamente pelos dois atacantes, aprofundou os antagonismos no interior da IA.

Para o público em geral, parecia então que a IA clássica era o único tipo disponível. É verdade que as tartarugas de Grey Walter tinham sido muito elogiadas no Festival da Grã-Bretanha. O Perceptron de Rosenblatt foi badalada pela imprensa no final da década de 1950, o mesmo acontecendo com o Adaline, de Bernard Widrow, capaz de reconhecer padrões com base em processamento de sinais. Mas a crítica dos simbolistas enterrou de vez esse esforço. Foi a IA simbólica que dominou a mídia nas décadas de 1960 e 1970 (e que também influenciou a filosofia da mente).

Essa situação não durou. As redes neurais – na forma de "sistemas PDP" (que realizavam processamento distribuído em paralelo) – entraram em cena novamente em 1986 (ver Capítulo 4). Alguns mal informados – e alguns bem informados, que deveriam ter pensado melhor – consideraram que essa nova abordagem era completamente *nova*. Ela seduziu os alunos de pós-graduação e atraiu uma imensa atenção jornalística (e filosófica). Foi a vez de o pessoal da IA simbólica ficar irritado. O PDP estava na moda, e o comentário geral era que a IA simbólica tinha fracassado.

Quanto aos outros ciberneticistas, eles finalmente saíram do ostracismo com a denominação de Vida Artificial em 1987. Os jornalistas e os alunos de pós-graduação foram atrás. A IA simbólica era desafiada uma vez mais.

No século XXI, contudo, ficou claro que perguntas diferentes exigem tipos diferentes de resposta – cada macaco no seu galho. Embora traços da antiga animosidade continuem existindo, hoje existe espaço para o respeito, e até mesmo para a cooperação, entre diferentes abordagens. Por exemplo: a "aprendizagem profunda" é utilizada às vezes em sistemas eficazes que combinam lógica simbólica e redes probabilísticas multicamadas; e outras abordagens híbridas incluem modelos de percepção ambiciosos (ver Capítulo 6).

Considerando a rica variedade de máquinas virtuais que fazem parte da mente humana, não deveríamos ficar muito surpresos.

# Capítulo 2
## Inteligência geral como o Santo Graal

A IA de ponta é uma coisa maravilhosa. Ela oferece uma grande quantidade de máquinas virtuais que executam inúmeras modalidades de processamento da informação. Não existe nenhum segredo fundamental aqui, nenhuma técnica essencial que unifique o campo: os profissionais de IA atuam em áreas extremamente diversificadas, compartilhando poucos objetivos e métodos. Este livro pode citar apenas alguns dos avanços recentes. Em suma, o raio de ação metodológico da IA é extremamente amplo.

Pode-se dizer que ela tem sido extraordinariamente bem-sucedida, pois seu raio de ação prático também é extraordinariamente amplo. A IA apresenta uma grande quantidade de aplicações, projetadas para realizar inúmeras tarefas específicas e utilizadas em praticamente todos os setores da vida, tanto por leigos como por profissionais. Muitas dessas aplicações apresentam um desempenho melhor do que a maioria dos especialistas humanos. Nesse sentido, o progresso tem sido espetacular.

Mas os pioneiros da IA não visavam apenas aos sistemas especialistas. Eles também almejavam sistemas com inteligência *geral*. Cada capacidade humana que eles configuravam – visão, raciocínio, linguagem, aprendizado etc. – iria abranger toda a sua gama de desafios. Além disso, quando fosse necessário, essas competências seriam combinadas.

Julgado por esses critérios, o progresso tem sido muito menos impressionante. John McCarthy reconheceu muito cedo a necessidade de "senso comum" da IA e mencionou a "Generalidade na inteligência artificial" em ambos os discursos de grande visibilidade pronunciados quando ganhou o Prêmio Turing em 1971 e 1987 – só que estava se queixando, não comemorando. Até 2018, suas queixas ainda não tinham sido atendidas.

O século XXI está assistindo ao renascimento do interesse pela inteligência artificial geral (AGI, na sigla em inglês), impulsionado pelos recentes aumentos de capacidade dos computadores. Se isso fosse alcançado, os sistemas de IA poderiam depender menos dos artifícios de programação para fins específicos, beneficiando-se, em vez disso, dos recursos gerais do raciocínio e da percepção – além da linguagem, criatividade e emoção (todos eles examinados no Capítulo 3).

No entanto, é mais fácil falar que fazer. A inteligência geral continua sendo um desafio importante e extremamente traiçoeiro. A AGI é o Santo Graal do setor.

## Os supercomputadores não bastam

Os supercomputadores atuais certamente representam uma ajuda para quem procura realizar esse sonho. A explosão combinatória – na qual são necessários mais cálculos do que aquilo que se pode realizar – deixou de ser a ameaça constante que costumava ser. No entanto, nem sempre é possível resolver os problemas aumentando a capacidade do computador.

Muitas vezes são necessários novos *métodos* de resolução de problemas. Além disso, mesmo que um método específico *deva* ser bem-sucedido em princípio, ele pode exigir tempo e/ou memória demais para ser bem-sucedido na prática. Três exemplos disso (relacionados às redes neurais) são apresentados no Capítulo 4.

A eficiência também é importante: quanto menor o número de cálculos, melhor. Em suma: os problemas têm de se tornar solucionáveis.

Existem várias estratégias básicas para fazer isso. Todas foram introduzidas pela IA simbólica clássica, ou Gofai, e todas ainda são essenciais hoje. Uma é dirigir a atenção para apenas uma parte do *espaço de busca* (a representação do problema pelo computador, dentro da qual se supõe que a solução esteja situada). Outra é construir um espaço de busca menor fazendo suposições simplificadoras. Uma terceira é ordenar a busca de maneira eficiente. Outra, ainda, é construir um espaço de busca diferente representando o problema de uma nova maneira.

Essas abordagens incluem, respectivamente, *heurística, planejamento, simplificação matemática* e *representação do conhecimento*. As cinco próximas seções contemplam essas estratégias gerais da IA.

## Busca heurística

A palavra "heurística" tem o mesmo radical de *"Eureka!"*: ela significa em grego *encontrar, descobrir*. As heurísticas ganharam destaque com a antiga Gofai, sendo consideradas muitas vezes como "truques de programação". Mas o termo não teve origem na programação: faz muito tempo que ele é conhecido dos lógicos e matemáticos.

Seja nos seres humanos ou nas máquinas, as heurísticas facilitam a solução do problema. Na IA, eles fazem isso direcionando o programa na direção de determinadas partes do espaço de busca e afastando-o de outras.

Muitas heurísticas, incluindo as utilizadas bem nos primórdios da IA, são regras práticas que não têm garantia de sucesso. A solução pode estar numa parte do espaço de busca que a heurística levou o sistema a ignorar. Por exemplo: "Proteja a rainha" é uma regra muito útil no xadrez, mas às vezes ela deve ser desobedecida.

Outras podem ter se mostrado adequadas do ponto de vista lógico ou matemático. Hoje, grande parte do trabalho em IA e em ciência da computação pretende identificar as propriedades prováveis dos programas. Esse é um dos aspectos da "IA amistosa", porque a segurança humana pode ser ameaçada pelo uso de sistemas logicamente não inconfiáveis (ver Capítulo 7).

Confiáveis ou não, as heurísticas são um aspecto fundamental da pesquisa em IA. A crescente especialização da IA mencionada anteriormente depende, em parte, da definição de novas heurísticas que possam aumentar a eficiência de forma espetacular, mas somente em um tipo de problema, ou espaço de busca, extremamente limitado. Uma heurística muito bem-sucedida pode não servir para ser "emprestada" a outros programas de IA.

Considerando-se diversas heurísticas, sua ordem de aplicação pode importar. Por exemplo: "Proteja a rainha" deve ser levada em conta antes de "Proteja o bispo" – muito embora esse ordenamento leve às vezes ao desastre. Diferentes ordenamentos definem diferentes árvores de busca dentro do espaço de busca. Definir e ordenar as heurísticas são tarefas cruciais da moderna IA. (As heurísticas também são visíveis na psicologia cognitiva. Obras instigantes sobre "heurísticas rápidas e frugais", por exemplo, mostram como a evolução nos equipou com formas eficientes de resposta ao meio ambiente.)

As heurísticas tornam desnecessária a busca exaustiva dentro do espaço de busca inteiro. Mas elas são, às vezes, associadas à busca exaustiva (limitada). O programa de xadrez Deep Blue, da IBM, que empolgou o mundo inteiro ao derrotar o campeão mundial Gary Kasparov em 1997, utilizava chips de hardware dedicados que processavam 200 milhões de posições por segundo, produzindo qualquer jogada possível durante as oito jogadas seguintes.

No entanto, ele tinha de utilizar heurísticas para selecionar a "melhor" jogada dentre elas. E como suas heurísticas não eram confiáveis, nem mesmo Deep Blue derrotou Kasparov *todas* as vezes.

## Planejamento

O planejamento também ocupa um lugar de destaque na IA atual – sobretudo numa ampla gama de atividades militares. De fato, o Departamento de Defesa dos EUA, que financiou a maior parte das pesquisas sobre IA até muito recentemente, declarou que o dinheiro economizado (pelo planejamento em IA) em logística de combate na primeira Guerra do Iraque superou todos os seus investimentos anteriores.

O planejamento não está restrito à IA; todos nós planejamos. Pense, por exemplo, quando você faz as malas para viajar no feriado. Você tem de encontrar todas as coisas que quer levar, e elas provavelmente não estão no mesmo lugar. Quem sabe precise comprar alguma coisa (protetor solar, por exemplo). Precisa decidir se vai juntar todas as coisas (talvez na cama ou na mesa), ou se vai guardar cada uma delas na mala quando as encontrar. Essa decisão vai depender, em parte, de você querer guardar as roupas por último, para evitar que elas amassem. Você vai precisar de uma mochila ou de uma mala, ou quem sabe das duas: como você decide?

Os programadores da Gofai que utilizavam o planejamento como uma técnica de IA tinham em mente esses exemplos bem pensados. Isso porque os pioneiros responsáveis pela Máquina de Teoria Lógica (ver Capítulo 1) e pelo GPS estavam interessados principalmente na psicologia do raciocínio humano.

Os modernos planejadores de IA não dependem tanto de ideias adquiridas a partir da introspecção consciente e da observação experimental. Além disso, seus projetos são muito mais complexos do que era possível nos tempos antigos. Mas a ideia básica é a mesma.

Todo projeto especifica uma sequência de ações, representadas em um nível geral – um objetivo final, depois objetivos secundários e objetivos ainda mais secundários... –, de modo que todos os detalhes não sejam considerados ao mesmo tempo. Planejar em um nível de abstração adequado pode levar à poda da árvore dentro do espaço de busca; desse modo, alguns detalhes nunca precisam ser levados em conta. Às vezes, o objetivo final é, *em si mesmo*, um plano de ação – talvez programar as entregas para e de uma fábrica ou campo de batalha. Outras vezes, ele é a resposta a uma pergunta – como um diagnóstico médico, por exemplo.

Para qualquer objetivo dado, e as situações esperadas, o programa de planejamento precisa de: uma lista de ações – isto é, operações simbólicas – ou de tipos de ação (representados pelo preenchimento de parâmetros derivados do problema), e cada uma delas pode promover uma transformação relevante; para cada ação, um conjunto de pré-requisitos indispensáveis (cf. para pegar uma coisa, ela precisa estar ao alcance); e heurísticas para priorizar as transformações necessárias e ordenar as ações. Se o programa decide por uma ação específica, ele talvez tenha de estabelecer um objetivo secundário para satisfazer os pré-requisitos. Esse processo de formulação do objetivo pode ser repetido inúmeras vezes.

O planejamento possibilita que o programa – e/ou o usuário humano – descubra quais ações já foram realizadas e por quê. O "por quê" se refere à hierarquia do objetivo: *esta* ação foi realizada para satisfazer *aquele* pré-requisito, para alcançar *tais e tais* objetivos secundários. Os sistemas de IA costumam utilizar técnicas de "encadeamento para a frente" e "encadeamento para trás", que explicam como o programa encontrou a sua solução. Isso ajuda o usuário a decidir se a ação/recomendação do programa é apropriada.

Atualmente, alguns planejadores dispõem de dezenas de milhares de códigos que definem espaços de busca hierárquicos em inúmeros níveis. Esses sistemas são, muitas vezes, sensivelmente diferentes dos primeiros.

Por exemplo, a maioria não admite que todos os objetivos secundários podem ser trabalhados de maneira independente (isto é, que os problemas são *perfeitamente decomponíveis*). Afinal de contas, na vida real, o resultado de uma atividade voltada para o objetivo pode ser desfeito por outra atividade. Atualmente, os planejadores conseguem lidar com problemas *parcialmente decomponíveis*: eles trabalham com objetivos secundários de maneira independente, mas, se necessário, podem fazer um processamento extra para combinar os projetos secundários resultantes.

Os planejadores clássicos só conseguiam lidar com problemas cujo ambiente fosse totalmente observável, determinista, finito e estático. Alguns planejadores modernos, porém, conseguem enfrentar ambientes que são parcialmente observáveis (isto é, o modelo de mundo do sistema pode estar incompleto e/ou incorreto) e probabilísticos. Nesses casos, o sistema tem de monitorar a situação oscilante durante a execução, a fim de realizar mudanças no projeto – e/ou em suas próprias "crenças" a respeito do mundo – se necessário. Alguns planejadores modernos conseguem fazer isso durante períodos muito longos: eles se dedicam ininterruptamente a formular, realizar, ajustar e abandonar objetivos, de acordo com a mudança do ambiente.

Muitos outros avanços foram acrescentados, e continuam sendo acrescentados, ao planejamento clássico. Pode parecer surpreendente, então, que o planejamento tenha sido totalmente rejeitado por alguns roboticistas na década de 1980, que recomendaram, em vez disso, a robótica "situada" (ver Capítulo 5). A ideia de representação interna – de objetivos e ações possíveis, por exemplo – também foi rejeitada. Essa crítica, no entanto, era basicamente equivocada. A robótica geralmente precisa de planejamento, bem como de respostas puramente reativas – para construir robôs de jogadores de futebol, por exemplo.

## Simplificação matemática

Enquanto as heurísticas deixam o espaço de busca tal como é (fazendo o programa se concentrar apenas em uma parte dele), as hipóteses simplificadoras constroem um espaço de busca pouco realista, mas computacionalmente maleável.

Algumas dessas hipóteses são matemáticas. Um exemplo é a hipótese "i.i.d.", utilizada geralmente na aprendizagem automática. Ela representa as probabilidades nos dados como sendo muito mais simples do que realmente são.

A vantagem da simplificação matemática na definição do espaço de busca é que os métodos matemáticos de busca – isto é, métodos claramente definíveis e, ao menos para os matemáticos, facilmente compreensíveis – podem ser utilizados. Mas isso não significa que *qualquer* busca matematicamente definida seja útil. Como observamos anteriormente, um método que *garante* matematicamente a solução de todos os problemas dentro de uma determinada categoria pode ser inútil na vida real, porque ele precisaria de um tempo infinito para fazê-lo. No entanto, ele pode sugerir aproximações que são mais factíveis: veja a discussão sobre "retropropagação" no Capítulo 4.

Existe uma grande quantidade de hipóteses simplificadoras não matemáticas na IA que geralmente não são mencionadas. Uma delas é a hipótese (tácita) de que os problemas podem ser definidos e resolvidos sem levar em conta as emoções (ver Capítulo 3). Existem muitas outras que estão incorporadas na representação do conhecimento geral que é utilizado para especificar a tarefa.

## Representação do conhecimento

Frequentemente, a parte mais difícil da solução dos problemas em IA é, antes de mais nada, a apresentação do problema para o sistema. Mesmo que *pareça* que alguém consegue se comunicar diretamente com um programa – talvez falando em inglês com *Siri* ou digitando palavras em francês no motor de busca do Google –, isso não é possível. Quer estejamos lidando com texto ou imagens, a informação ("conhecimento") em questão tem de ser apresentada ao sistema de uma forma que a máquina possa compreender – em outras palavras, com a qual ela possa lidar. (No Capítulo 6 se discute se isso é ou não é uma compreensão *real*.)

As formas como a IA faz isso são muito variadas. Algumas são avanços/variações de métodos gerais de representação do conhecimento introduzidos na Gofai. Outras são, cada vez mais, métodos extremamente especializados, feitos sob medida para uma categoria limitada de problemas. Pode haver, por exemplo, uma nova forma de representar imagens de raio-X, ou fotografias de uma determinada categoria de células cancerosas, cuidadosamente adaptada para possibilitar um método de interpretação médica extremamente específico (que não serve, portanto, para reconhecer gatos, nem mesmo tomografias de GATO).

Na busca pela AGI, os métodos *gerais* são fundamentais. Influenciados inicialmente pela pesquisa psicológica da percepção humana, eles incluem: conjuntos de regras SE-ENTÃO; representações de conceitos individuais; sequências de ação estereotipadas; redes semânticas; e inferência por meio da lógica ou da probabilidade.

Examinemos cada um deles pela ordem. (Outra forma de representação do conhecimento, a saber, as redes neurais, está descrita no Capítulo 4.)

## Programas baseados em regras

Na programação baseada em regras, um corpo de conhecimentos/crenças é representado como um conjunto de regras SE-ENTÃO que ligam Condições a Ações: SE esta Condição for atendida, ENTÃO faça aquela Ação. Essa forma de representação do conhecimento se baseia na lógica formal (sistemas de "produção" de Emil Post). Mas os pioneiros da IA Allen Newell e Herbert Simon acreditavam que ela era subjacente à psicologia humana em geral.

A Condição e a Ação podem ser complexas, descrevendo uma união (ou separação) de vários tópicos – possivelmente muitos. Se várias Condições forem atendidas simultaneamente, é dada prioridade à mais inclusiva. Portanto, "SE o objetivo for preparar rosbife e pudim de Yorkshire" terá precedência a "SE o objetivo for preparar rosbife" – e acrescentar "e três vegetais" à Condição fará com que ela supere a primeira.

Programas baseados em regras não especificam antecipadamente a ordem das etapas. Em vez disso, cada regra fica esperando ser desencadeada por sua Condição. No entanto, esses sistemas podem ser utilizados para planejar. Se não pudessem, seriam de uso limitado pela IA. Contudo, eles atuam de maneira diferente do que era feito na antiga e mais conhecida forma de programação (chamada, às vezes, de "controle executivo").

Nos programas com controle executivo, o planejamento é representado explicitamente. O programador especifica uma sequência de instruções de busca de objetivos que deve ser seguida passo a passo, numa ordem temporal rígida: "*Faça isto, então faça aquilo*; então *olhe para ver* se X é verdadeiro; se for, *faça tal e tal*; se não, *faça isso e aquilo*".

Às vezes, o "*isto*" ou o "*isso e aquilo*" é uma instrução explícita para estabelecer um objetivo ou um objetivo secundário. Por exemplo, um robô cujo objetivo é sair da sala pode ser orientado a estabelecer o objetivo secundário de abrir a porta; em seguida, se a análise do estado atual da porta mostrar que ela está fechada, estabelecer o objetivo terciário de segurar na maçaneta da porta. (Um bebê pode precisar de um objetivo de quarto grau – isto é, conseguir que um adulto segure a maçaneta da porta; e a criança pode precisar de vários objetivos em níveis ainda mais inferiores para fazer isso.)

Um programa baseado em regras também pode descobrir como escapar da sala. No entanto, a hierarquia do projeto não seria representada como uma sequência temporal de etapas explícitas, mas como a estrutura lógica *implícita* no conjunto de regras SE-ENTÃO que compõe o sistema. Uma Condição pode exigir que tal e tal objetivo já tenha sido estabelecido (SE você quiser abrir a porta e não for suficientemente alto). Do mesmo modo, uma Ação pode incluir o estabelecimento de um novo objetivo ou objetivo secundário (ENTÃO peça a um adulto). Níveis inferiores serão ativados automaticamente (SE você quiser pedir que alguém faça algo, ENTÃO estabeleça o objetivo próximo a ele).

Naturalmente, o programador tem de ter incluído as regras SE-ENTÃO relevantes (no nosso exemplo, regras que lidam com portas e maçanetas). Mas não precisa ter antecipado todas as consequências lógicas dessas regras. (Isso é uma maldição e uma bênção, porque potenciais incongruências podem permanecer encobertas por um bom tempo.)

Os objetivos/objetivos secundários ativos são afixados num "quadro-negro" central, que é acessível a todo o sistema. As informações expostas no quadro-negro não contêm apenas objetivos ativados, mas também inputs perceptivos, além de outros aspectos do processamento em vigor. (Esse conceito influenciou uma das principais teorias neuropsicológicas da consciência, além de um modelo de consciência da IA baseado nela – ver Capítulo 6).

Programas baseados em regras foram amplamente utilizados pelos primeiros "sistemas especialistas" do início da década de 1970. Entre eles estavam o Mycin, que dava orientações aos médicos humanos na identificação de doenças contagiosas e na prescrição de antibióticos, e o Dendral, que realizava análises espectrais de moléculas numa área específica da química orgânica. O Mycin, por exemplo, realizava diagnósticos médicos comparando os sintomas e o histórico das características físicas (Condições) com as conclusões e/ou sugestões diagnósticas, visando à realização de novos exames ou à prescrição de novos remédios (Ações). Esses programas representaram o primeiro movimento de afastamento da IA da esperança no generalismo, na direção da prática da especialização. E eles representaram o primeiro passo na direção do sonho de Ada Lovelace de uma ciência feita por máquinas (ver Capítulo 1).

A forma de representação do conhecimento baseada em regras permite que os programas sejam desenvolvidos gradualmente, à medida que os programadores – ou, talvez, até mesmo um sistema de AGI – aprendem mais acerca da área. É possível acrescentar uma nova regra a qualquer momento; não é preciso reescrever o programa do zero. No entanto, existe uma cilada: se a nova regra não for logicamente compatível com as regras existentes, o sistema nem sempre fará o que se espera. Ele pode até nem se *aproximar* daquilo que se espera dele. Quando se lida com um conjunto pequeno de regras, esses conflitos lógicos são fáceis de evitar, mas sistemas maiores são menos transparentes.

Na década de 1970, as novas regras SE-ENTÃO foram formuladas a partir de conversas em curso com especialistas humanos, a quem foi pedido que explicassem suas decisões. Atualmente, apesar de muitas regras não terem origem na introspecção consciente, elas são ainda mais eficientes. Os modernos sistemas especialistas vão de programas enormes de pesquisa científica e comércio a modestos aplicativos de celular. Muitos têm um desempenho melhor do que o dos seus predecessores porque se beneficiam de novas formas de representação do conhecimento, como estatísticas e reconhecimento visual para fins específicos, e/ou o uso de Big Data (ver Capítulo 4).

Esses programas podem auxiliar, ou até mesmo substituir, especialistas humanos em campos muito restritos. Existem atualmente inúmeros exemplos, utilizados para ajudar profissionais que atuam no campo da ciência, da medicina e do direito... e até mesmo na criação de vestidos. (O que não é uma notícia tão boa – ver Capítulo 7.)

## Frames, vetores de palavras, scripts e redes semânticas

Outros métodos de representação do conhecimento usados frequentemente dizem respeito a conceitos individuais, não áreas inteiras (como diagnóstico médico e criação de vestidos).

Por exemplo, é possível dizer a um computador o que é um cômodo descrevendo uma estrutura hierárquica de dados (às vezes chamada de "frame"). O frame representa um *cômodo* como algo que tem *assoalho, teto, paredes, portas, janelas* e *móveis* (*cama, banheira, mesa de jantar...*). Como o cômodo de verdade tem um número variável de paredes, portas e janelas, "aberturas" no frame podem ser preenchidas com números específicos – e também estabelecer atribuições-padrão (quatro paredes, uma porta, uma janela).

Essas estruturas de dados podem ser usadas pelo computador para descobrir analogias, responder perguntas, iniciar uma conversa, escrever ou entender uma história. E elas são a base do CYC: uma tentativa ambiciosa – alguns diriam extremamente superambiciosa – de representar todo o conhecimento humano.

Contudo, os frames podem ser enganosos. As atribuições-padrão, por exemplo, são problemáticas. (Alguns cômodos não têm janela, e salas abertas não têm porta.) Pior: o que fazer com as ideias comuns de *gotejamento* ou *transbordamento*? A IA simbólica representa nosso conhecimento prático da "física popular" criando frames que codificam realidades como a de que um objeto físico sem suporte cai, mas um balão de hélio não. Possibilitar que casos como estes sejam explicitados é uma tarefa interminável.

Em alguns aplicativos que utilizam técnicas recentes para lidar com Big Data, um único conceito pode ser representado como um agrupamento, ou "nuvem", feito de centenas ou milhares de conceitos ocasionalmente associados, com as probabilidades de diferenciação das inúmeras associações de pares (ver Capítulo 3). Do mesmo, atualmente os conceitos podem ser representados por "vetores de palavras" em vez de palavras. Nesse caso, características semânticas que contribuem com muitos conceitos diferentes, e se conectam com eles, são descobertas pelo sistema (de aprendizagem profunda) e utilizadas para prever a palavra seguinte – na tradução automática, por exemplo. No entanto, essas representações ainda não são tão acessíveis para serem usadas em raciocínios ou conversas como os frames clássicos.

Algumas estruturas de dados (chamadas "scripts") indicam sequências de ação familiares. Por exemplo, pôr uma criança para dormir geralmente inclui abraçá-la, ler uma história, cantar uma cantiga de ninar e ligar a luz noturna. Essas estruturas de dados podem ser usadas para responder perguntas e também para *sugerir* perguntas. Se a mãe se esquece de acender a luz noturna, podem surgir perguntas como *Por quê?* e *O que aconteceu depois?* Em outras palavras, encontra-se ali o embrião de uma história. Consequentemente, essa forma de representação do conhecimento é usada para escrever histórias automaticamente – e seria indispensável para robôs "para o acompanhamento pessoal" capazes de se ocupar de conversas humanas normais (ver Capítulo 3).

Uma forma alternativa de representação do conhecimento em lugar dos conceitos são as redes semânticas (estas são redes *localistas* – ver Capítulo 4). Criadas por Ross Quillian na década de 1960 como modelos da memória associativa humana, vários exemplos abrangentes delas (a WordNet, p. ex.) estão disponíveis atualmente na forma de recursos de dados públicos. A rede semântica une conceitos por meio de relações semânticas como *sinonímia, antonímia, subordinação, superordenação, parte-todo* – e, muitas vezes, também por meio de ligações associativas que comparam o conhecimento *factual* do mundo com a semântica (ver Capítulo 3).

A rede pode representar palavras e conceitos, acrescentando codificação de links de *sílabas, letras iniciais, fonética* e *homônimos*. Uma rede desse tipo é usada no Jape de Kim Binsted e no Stand Up de Graeme Ritchie, que cria piadas (de nove tipos diferentes) baseadas em trocadilhos, aliteração e troca de sílabas. Por exemplo: *P: What do you call a depressed train? R: A low-comotive; P: What do you get if you mix a sheep with a kangaroo? R: A wooly jumper.*[1]

Atenção: rede semântica não é o mesmo que rede neural. Como veremos no Capítulo 4, as redes neurais *distribuídas* representam o conhecimento de uma forma muito diferente. Nelas, os conceitos individuais não são representados por um único nó em uma rede associativa cuidadosamente definida, mas pelo padrão de atividade variável através da rede inteira. Como esses sistemas conseguem tolerar evidências conflitantes, não são atrapalhados pelos problemas de manutenção de coerência lógica (descritos na próxima seção); mas não conseguem fazer inferências precisas. No entanto, eles são um tipo de representação do conhecimento suficientemente importante (e um ponto de partida suficientemente importante para aplicações práticas) para merecer um capítulo à parte.

## Lógica e a web semântica

Se o objetivo final é a AGI, a lógica parece extremamente adequada como uma representação do conhecimento. Isso

---

1 P: O que é um trem deprimido? R: Uma *lowcomotiva* (*low* significa "para baixo, deprimido"). P: Qual o resultado do cruzamento de uma ovelha com um canguru? R: Um casaco de lã. (*jumper* significa "casaco" e "saltador". [N. T.]

porque a lógica é *amplamente* aplicável. Em princípio, a mesma representação (o mesmo simbolismo lógico) pode ser usada para a visão, para aprender uma língua, e assim por diante, e para qualquer integração entre eles. Além disso, a lógica oferece métodos de demonstração de teorema para lidar com a informação.

É por isso que o modo preferido de representação do conhecimento nos primórdios da IA era o cálculo de predicados. Essa forma de lógica tem mais poder representacional que a lógica proposicional, porque ela consegue "entrar dentro" das frases para expressar seu significado. Por exemplo: considerem a frase "Esta loja tem um chapéu que serve para todos". O cálculo de predicados consegue distinguir claramente estes três significados possíveis: "Para cada indivíduo humano, existe nesta loja um chapéu que servirá nele"; "Existe nesta loja um chapéu cujo tamanho pode ser tão variado que cabe em qualquer ser humano"; e "Nesta loja existe um chapéu [supostamente dobrado!] suficientemente grande que pode ser usado simultaneamente por todos os seres humanos".

Para muitos pesquisadores de IA, a lógica de predicados ainda é a abordagem preferida. Os frames de CYC, por exemplo, baseiam-se na lógica de predicados. O mesmo acontece com as representações do processamento de linguagem natural (PLN) em semântica composicional (ver Capítulo 3). Às vezes, a lógica de predicados é ampliada a fim de representar o tempo, as causas ou o dever/a moralidade. Isso depende, naturalmente, de alguém ter desenvolvido essas formas de lógica modal – o que não é fácil.

No entanto, a lógica também tem desvantagens. Uma delas é a explosão combinatória. O método de "resolução" amplamente utilizado pela IA para demonstrar teoremas lógicos pode acabar tirando conclusões que são verdadeiras, mas irrelevantes. Heurísticas existem para guiar, e restringir, as conclusões – e para decidir quando desistir (algo que o Aprendiz de Feiticeiro não era capaz de fazer). Mas elas não são à prova de erro.

Outra é que a resolução da demonstração de teoremas pressupõe que *a negação da negação de X implica X*. Se a esfera que está sendo discutida é perfeitamente compreendida, isso é logicamente correto. Mas usuários de programas (por exemplo, muitos sistemas especialistas) com resolução integrada geralmente pressupõem que a falha em encontrar uma contradição significa que não existe nenhuma contradição – a chamada "negação por falha". Normalmente, isso é um equívoco. Na vida real, existe uma grande diferença entre demonstrar que algo é falso e não conseguir provar que é verdade (pense em quando você se pergunta se o seu cônjuge o/a está traindo).

A terceira desvantagem é que na lógica ("monotônica") clássica, uma vez que se comprovou que algo é verdadeiro, ele permanece verdadeiro. Nem sempre é assim na prática. Podemos ter um bom motivo para concordar com X (talvez ele fosse uma atribuição-padrão, ou até mesmo uma conclusão decorrente de uma argumentação meticulosa e/ou de provas convincentes), mas, mais tarde, pode ser que se confirme que X não é mais verdadeiro – ou não era verdadeiro desde o início. Se for assim, devemos rever nossas crenças em conformidade com isso. Considerando-se uma representação do conhecimento baseada na lógica, é mais fácil falar que fazer. Muitos pesquisadores, influenciados por McCarthy, tentaram desenvolver lógicas "não monotônicas" que toleram a mudança de valores de verdade. De modo semelhante, alguns definiram diversas lógicas "difusas", nas quais uma afirmação pode ser classificada como *provável/improvável*, ou como *desconhecida*, em vez de *verdadeira/falsa*. Mesmo assim, ainda não foi encontrada nenhuma defesa confiável contra a monotonicidade.

Cada vez mais os pesquisadores de IA que desenvolvem representações do conhecimento baseadas na lógica estão buscando os átomos fundamentais do conhecimento, ou significado, *em geral*. Eles não são os primeiros: McCarthy e Hayes fizeram isso no artigo "Some Philosophical Problems from an AI Standpoint" [Alguns problemas filosóficos do ponto de vista da inteligência artificial]. Esse antigo ensaio abordou vários enigmas conhecidos, do livre-arbítrio aos contrafactuais. Entre eles estavam questões acerca da ontologia básica do universo: estados, eventos, propriedades, mudanças, ações... *o quê?*

A não ser que a pessoa seja, no fundo, um metafísico (uma paixão humana rara), por que ela deveria se importar? E por que essas perguntas enigmáticas são cada vez mais examinadas hoje em dia? Em termos gerais, é que a tentativa de projetar a AGI levanta questões sobre que ontologias a representação do conhecimento pode utilizar. Essas questões também surgem quando se projeta a web semântica.

A web semântica não é igual à World Wide Web – que está conosco desde a década de 1990. Isso porque a web semântica não é nem mesmo o estado da arte: ela é o estado do futuro. Se e quando existir, a busca associativa executada por máquina será aperfeiçoada e complementada pela compreensão da máquina. Isso possibilitará que aplicativos e browsers tenham acesso à informação de qualquer lugar da internet, e combinem diferentes itens de maneira sensata ao raciocinar sobre as perguntas. Essa é uma tarefa difícil. Além de exigir um enorme avanço de engenharia em termos de hardware e infraestrutura de comunicações, esse projeto ambicioso (dirigido por Sir Tim Berners-Lee) precisa que os programas de navegação da internet entendam melhor o que eles estão fazendo.

Motores de busca como o do Google e programas de PLN em geral podem descobrir associações entre palavras e/ou textos – mas não existe nenhuma compreensão nisso. Não se trata aqui de uma questão filosófica (para isso, ver Capítulo 6), mas de uma questão empírica – além de outro obstáculo para alcançar a AGI. Apesar de alguns exemplos irresistivelmente enganadores – como Watson, Siri e a tradução automática (todas discutidas no Capítulo 3) –, os atuais computadores não entendem o significado daquilo que "leem" ou "dizem".

## Visão computacional

Os atuais computadores também não entendem as imagens visuais como os seres humanos o fazem. (Trata-se, uma vez mais, de uma questão *empírica*: se os AGIs poderiam vir a ter uma fenomenologia visual consciente é algo discutido no Capítulo 6).

Desde 1980, as diversas representações do conhecimento utilizadas para a visão da IA têm se baseado muito na psicologia – especialmente nas teorias de David Marr e James Gibson. No entanto, apesar dessas influências psicológicas, os atuais programas visuais são extremamente limitados.

É bem verdade que a visão computacional realizou proezas admiráveis: reconhecimento facial com 98% de sucesso, por exemplo. Ou a leitura de letra cursiva. Ou a percepção de que alguém está se comportando de maneira suspeita (p. ex., detendo-se com frequência ao lado da porta dos carros) em um estacionamento. Ou identificando determinadas células doentes com mais precisão que os patologistas humanos. Diante desses sucessos, nossa mente sente uma enorme tentação de se espantar.

Contudo, os programas (muitos são redes neurais – ver Capítulo 4) geralmente têm de saber exatamente o que eles estão procurando: por exemplo, um rosto que *não* esteja de ponta-cabeça, que *não* esteja de perfil, que *não* esteja parcialmente encoberto por outra coisa, e (para obter 98%) que esteja iluminado de uma maneira específica.

A palavra "geralmente" é importante. Em 2012, o Laboratório de Pesquisas do Google coordenava mil computadores (de dezesseis núcleos), que compunham uma enorme rede neural com mais de um bilhão de conexões. Equipada com aprendizagem profunda, apresentaram-lhe dez milhões de imagens aleatórias de vídeos do YouTube. Não foi dito o que ela deveria procurar, e as imagens não eram identificadas. No entanto, transcorridos três dias, uma unidade (um neurônio artificial) tinha aprendido a reagir a imagens do rosto de um gato e outra, a imagens de rostos humanos.

Impressionante? Bem, sim. Intrigante, também: os pesquisadores logo se lembraram das "células avós" no cérebro. Desde a década de 1920, neurocientistas têm discutido a respeito da sua existência ou não. Dizer que elas existem é dizer que existem células no cérebro (neurônios isolados ou pequenos grupos de neurônios) que se tornam ativas quando, e somente quando, uma avó, ou outra feição específica, é percebida. Aparentemente, algo semelhante estava acontecendo na rede de reconhecimento de gatos do Google. E embora os rostos dos gatos precisassem estar completos e com o lado correto para cima, eles podiam variar de tamanho ou aparecer em diferentes posições, dentro dos limites de exposição de 200 x 200 pixels. Uma pesquisa posterior, que treinou o sistema com imagens de rostos humanos pré-selecionadas (mas não identificadas), *incluindo algumas de perfil*, resultou numa unidade que às vezes conseguiu — só *às vezes* – discriminar rostos que não estavam voltados para o espectador.

Atualmente existem inúmeras outras proezas como essas – e ainda mais impressionantes. Redes multicamadas já realizaram enormes avanços em reconhecimento facial, podendo às vezes descobrir a parte mais destacada de uma imagem e gerar uma legenda verbal (p. ex., "pessoas fazendo compras em um mercado de rua") para descrevê-la. O recém-criado *Desafio do Reconhecimento Facial em Grande Escala* está aumentando anualmente o número de categorias visuais que podem ser reconhecidas, e diminuindo as restrições para as imagens participantes (p. ex., o número e a obstrução dos objetos). No entanto, esses sistemas de aprendizagem profunda ainda vão continuar compartilhando as deficiências dos seus antecessores.

Por exemplo, assim como o identificador do rosto do gato, eles não compreenderão o espaço 3D, nem saberão o que um "perfil" ou uma obstrução realmente é. Mesmo os programas visuais projetados para robôs fazem apenas uma alusão a esses assuntos.

Os robôs Rover de Marte, como o Opportunity e o Curiosity (que chegaram a Marte em 2004 e 2012, respectivamente), dependem de artifícios especiais de representação do conhecimento: heurísticas feitas sob medida para os problemas de 3D que devem enfrentar. Em linhas gerais, eles não conseguem encontrar caminhos ou manipular objetos. Alguns robôs imitam a visão *animada*, em que os próprios movimentos do corpo oferecem informações úteis (porque eles alteram o input visual sistematicamente). Mas nem eles conseguem perceber um possível caminho, ou reconhecer que *este* objeto desconhecido poderia ser pego por sua mão, enquanto *aquele* não.

Quando este livro for publicado, talvez existam algumas exceções. Mas elas também terão limites. Por exemplo: eles não entenderão "Eu não consigo pegar aquilo", porque não entenderão *consigo* e *não consigo*. Isso porque a lógica modal exigida provavelmente ainda não estará disponível para a representação do conhecimento deles.

Às vezes, a visão consegue ignorar o espaço tridimensional – por exemplo, quando lê escrita cursiva.

Mas até mesmo a visão bidimensional é limitada. Apesar dos esforços consideráveis de pesquisa no campo das representações *analógicas* ou *icônicas*, a IA não é capaz de utilizar diagramas, de forma confiável, na solução de problemas – como fazemos no caso do raciocínio geométrico ou quando rabiscamos relações abstratas no verso de um envelope. (Do mesmo modo, os psicólogos ainda não entendem como *nós* fazemos as coisas.)

Resumindo: a maioria das façanhas visuais humanas supera a atual IA. Os pesquisadores de IA muitas vezes não têm clareza a respeito das perguntas a serem feitas. Por exemplo, pense em dobrar corretamente um vestido de cetim escorregadio. Nenhum robô é capaz de fazer isso (embora alguns possam ser orientados, passo a passo, a dobrar uma toalha de banho retangular). Ou imagine o ato de vestir uma camiseta: primeiro é preciso enfiar a cabeça, *não* uma manga – mas *por quê?* É difícil imaginar esses problemas de topologia em IA.

Isso tudo não significa que a visão computacional em nível humano seja impossível. Mas alcançá-la é algo muito mais difícil do que a maioria das pessoas acredita.

Portanto, este é um exemplo especial do fato observado no Capítulo 1: que a IA nos ensinou que a mente humana é muito mais rica, e muito mais sutil, do que aquilo que os psicólogos tinham imaginado. Na verdade, essa é a *principal* lição que devemos aprender com a IA.

## O problema do frame

É difícil encontrar uma representação adequada do conhecimento em qualquer esfera, em parte devido à necessidade de evitar o *problema do frame*. (Atenção: embora esse problema surja quando utilizamos frames como uma representação do conhecimento no lugar dos conceitos, neste caso os significados de "frame" são diferentes.)

Como foi originalmente definido por McCarthy e Hayes, o problema do frame implica pressupor (durante o planejamento por meio de robôs) que uma ação produzirá apenas *estas* mudanças, ao passo que ela pode produzir *aquelas* também. De maneira geral, o problema do frame aparece toda vez que implicações tacitamente presumidas pelos pensadores humanos são ignoradas pelo computador por não terem sido explicitadas.

O caso clássico é o problema do macaco e das bananas, em que o responsável pela solução do problema (talvez um projetista de IA para robôs) pressupõe que não existe nada relevante fora do frame (ver Figura 1).

Meu exemplo favorito é este: *Se um homem de 20 anos consegue colher 5 quilos de amoras em uma hora, e uma mulher de 18 anos consegue colher 4, quanto eles colherão se trabalharem juntos?* É claro que "9" não é uma resposta plausível. Poderia ser mais (porque os dois estão se exibindo) ou, o que é mais provável, muito menos. Que tipos de conhecimento estão envolvidos aqui? E será que um AGI poderia superar o que, aparentemente, são verdades aritméticas evidentes?

O problema do frame surge porque os programas de IA não possuem um senso humano de *relevância* (ver Capítulo 3). Ele pode ser evitado se todas as consequências possíveis de qualquer ação possível forem conhecidas. Em algumas áreas técnicas/científicas é assim. Em geral, porém, não é. Esse é o principal motivo pelo qual os sistemas de IA carecem de bom senso.

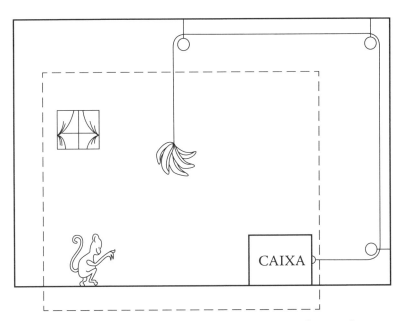

Figura 1. Problema do macaco e das bananas: como o macaco alcança as bananas? (A abordagem habitual desse problema pressupõe, embora não afirme explicitamente, que o universo relevante é o que aparece dentro da linha pontilhada. Em outras palavras, não existe nada fora desse frame que produza mudanças significativas nele com o deslocamento da caixa.)

Em suma: o problema do frame está nos espreitando por todos os lados – e é um obstáculo importante na busca da AGI.

## Agentes e cognição distribuída

Um *agente* de IA é um procedimento independente ("autônomo"), podendo ser comparado às vezes a um reflexo de contração do joelho e às vezes a uma minimente. Aplicativos de telefone ou corretores ortográficos poderiam ser chamados de agentes, mas geralmente não são – porque agentes normalmente *cooperam*. Eles utilizam sua inteligência extremamente limitada em cooperação com os – ou, de todo modo, ao lado dos – outros para produzir resultados que não conseguiriam alcançar sozinhos. A interação entre agentes é tão importante como os próprios indivíduos.

Alguns sistemas agentes são organizados por meio de controle hierárquico: vencedores e vencidos, por assim dizer. Mas muitos exemplificam a cognição *distribuída*. Ela implica cooperação sem uma estrutura de comando coordenada (daí a tergiversação, anteriormente, entre "em cooperação com" e "ao lado dos"). Não existe plano central, influência de cima para baixo ou posse individual de *todo* o conhecimento relevante.

Entre os exemplos de cognição distribuída que ocorrem naturalmente estão as trilhas de formigas, a navegação e a mente humana. As trilhas de formigas surgem a partir do comportamento de um grande número de formigas individuais que, automaticamente, deixam cair (e seguem) substâncias químicas enquanto caminham. Do mesmo modo, a navegação e as manobras dos navios resultam das atividades sincronizadas de um grande número de pessoas: nem mesmo o comandante tem todo o conhecimento necessário, e alguns membros da tripulação têm realmente muito pouco conhecimento. Mesmo uma única mente implica cognição distribuída, pois ela incorpora muitos subsistemas cognitivos, motivacionais e emocionais (ver Capítulos 4 e 6).

Entre os exemplos artificiais estão as redes neurais (ver Capítulo 4); o modelo computacional de navegação de um antropólogo e uma pesquisa de vida artificial sobre robôs situados, inteligência de enxame e robótica de enxame (ver Capítulo 5); modelos simbólicos de IA de mercados financeiros (os agentes seriam os bancos, os fundos de investimento e grandes acionistas); e o modelo Lida de consciência (ver Capítulo 6).

A AGI de nível humano envolveria, evidentemente, cognição distribuída.

## Aprendizado de máquina

A AGI de nível humano também incluiria a aprendizado de máquina, embora este não precise ser *semelhante ao ser humano*. Esse campo teve origem em pesquisas feitas por psicólogos sobre aprendizagem conceitual e de reforço. No entanto, ele depende atualmente de técnicas matemáticas assustadoras, porque as representações do conhecimento utilizadas envolvem a teoria da probabilidade e estatísticas. (Pode-se dizer que a psicologia ficou muito para trás. É claro que alguns sistemas modernos de aprendizado de máquina têm pouca ou nenhuma semelhança com aquilo que provavelmente acontece na cabeça do ser humano. No entanto, a utilização crescente da probabilidade *bayesiana* nessa área da IA é semelhante a teorias recentes de psicologia cognitiva e neurociência.)

O aprendizado de máquina é extremamente lucrativo hoje. Ele é utilizado na mineração de dados – e, considerando-se que os supercomputadores fazem um trilhão de cálculos por segundo, para processar Big Data (ver Capítulo 3).

Alguns aprendizados de máquina utilizam redes neurais. Mas a maioria depende da IA simbólica, complementada por poderosos algoritmos estatísticos. Na verdade, quem faz o trabalho é a estatística; a Gofai simplesmente conduz o trabalhador para o local de trabalho. Por isso, alguns profissionais consideram que o aprendizado de máquina é ciência e/ou estatística computacional – *não* IA. Nesse caso, contudo, a fronteira não é nítida.

Existem três grandes classes de aprendizado de máquina: supervisionado, não supervisionado e aprendizado de reforço. (As diferenças tiveram origem na psicologia, e diferentes mecanismos neurofisiológicos podem estar envolvidos; entre as espécies, o aprendizado de reforço inclui dopamina.)

No aprendizado *supervisionado*, o programador "treina" o sistema definindo um conjunto de resultados desejados para um conjunto de inputs (chamados de exemplos e não exemplos) e produzindo feedback constante que indica se ele os alcançou ou não. O sistema de aprendizagem gera hipóteses a respeito das características relevantes. Sempre que faz uma classificação incorreta, ele retifica sua hipótese de acordo com isso. Mensagens de erro *específicas* são cruciais (não simplesmente o feedback de que estava errado).

No aprendizado *não supervisionado*, o usuário não fornece os resultados desejados nem as mensagens de erro. O aprendizado é guiado pelo princípio de que características coexistentes geram expectativas de que elas vão coexistir no futuro. O aprendizado não supervisionado pode ser usado para *descobrir* conhecimento. Os programadores não precisam saber quais padrões/agrupamentos existem nos dados: o sistema os descobre sozinho.

Finalmente, o aprendizado *de reforço* é guiada por análogos de recompensa e punição: mensagens de feedback informando o sistema de que o que ele acabou de fazer é bom ou ruim. Muitas vezes, o reforço não é apenas binário, mas representado por números – como o número de pontos em um videogame. "O que ele acabou de fazer" pode ser uma decisão isolada (como um movimento em um jogo), ou uma série de decisões (p. ex., jogadas de xadrez que terminam em xeque-mate). Em alguns videogames, o placar numérico é atualizado depois de cada jogada. Em situações extremamente complexas como o xadrez, o sucesso (ou fracasso) só é sinalizado depois de um grande número de decisões, e um procedimento de *atribuição de crédito* identifica as decisões que têm uma probabilidade maior de conduzir ao êxito.

O aprendizado de máquina simbólico pressupõe geralmente – o que não é evidentemente verdadeiro – que a representação do conhecimento para fins de aprendizagem tem de conter alguma forma de distribuição probabilística. Além disso, muitos algoritmos de aprendizagem pressupõem – o que normalmente é falso – que toda variável nos dados tem a mesma distribuição probabilística, e todas são mutuamente independentes. Isso porque esse pressuposto *i.i.d.* (distribuído de maneira independente e idêntica, na sigla em inglês) fundamenta um grande número de teorias matemáticas de probabilidade nas quais os algoritmos se baseiam. Os matemáticos adotaram o pressuposto i.i.d. porque ele torna a matemática mais simples. Do mesmo modo, o uso do i.i.d. na IA simplifica o espaço de busca, facilitando, assim, a solução dos problemas.

Todavia, a estatística bayesiana lida com probabilidades *condicionais*, em que os itens/eventos *não* são independentes. Nesse caso, a probabilidade depende da evidência distribucional a respeito da área. Além de ser mais realista, essa forma de representação do conhecimento permite trocar as probabilidades caso surjam novas evidências. As técnicas bayesianas estão ficando cada vez mais visíveis na IA – e também na psicologia e na neurociência. Teorias do "cérebro bayesiano" (ver Capítulo 4) tiram proveito do uso de evidências não i.i.d. para orientar a aprendizagem não supervisionada do controle perceptivo-motor e fazer um ajuste fino nela.

Considerando-se as diversas teorias da probabilidade, existem muitos algoritmos diferentes adequados para diferentes tipos de aprendizagem e diferentes conjuntos de dados. Por exemplo, as máquinas de vetores de suporte – que aceitam o pressuposto i.i.d. – são amplamente utilizadas no aprendizado supervisionado, especialmente se o usuário não tiver um conhecimento prévio especializado da área. Algoritmos "saco de palavras" são úteis quando a *sequência* de características pode ser ignorada (como nas buscas de palavras, não de frases). E se o pressuposto i.i.d. for abandonado, as técnicas bayesianas ("máquinas de Helmholtz") podem aprender com a evidência distribucional.

A maioria dos profissionais de aprendizado de máquina utiliza métodos estatísticos disponíveis no mercado. Os criadores desses métodos são muito valorizados pelo setor: recentemente, o Facebook contratou o inventor das máquinas de vetores de suporte, e, em 2013-2014, vários expoentes da *aprendizagem profunda* foram contratados pelo Google.

A aprendizagem profunda é um novo avanço promissor baseado em redes multicamadas (ver Capítulo 4), por meio das quais são reconhecidos padrões nos dados de entrada em diversos níveis hierárquicos. Em outras palavras, a aprendizagem profunda *descobre* uma representação do conhecimento com várias camadas – por exemplo, pixels para comparar detectores, para delimitar detectores, para adaptar detectores, para partes de objetos, para objetos.

Um exemplo disso é o detector de rosto de gato que surgiu da pesquisa que o Google fez no YouTube. Outro, relatado na *Nature* em 2015, é um aprendiz por reforço (o algoritmo

"DQN"), que aprendeu a jogar os clássicos videogames bidimensionais Atari 2600. Apesar de ter recebido apenas pixels e resultados dos jogos como input (e conhecendo apenas o número de ações disponíveis para cada jogo), ele supera 75% dos humanos em 29 dos 49 jogos, e tem um desempenho melhor que testadores profissionais de jogos em 22 dos 49 jogos.

Resta ver até onde essa proeza pode ser expandida. Embora o DQN às vezes descubra a estratégia ideal envolvendo ações ordenadas no tempo, ele não é capaz de controlar jogos cujo planejamento abarque um período mais longo de tempo.

É possível que a neurociência consiga aperfeiçoar esse sistema futuramente. A versão atual foi influenciada pelos receptores visuais de Hubel e Wiesel – células no córtex visual que só reagem ao movimento ou a linhas de orientação específicas. (Isso não é nada de mais; os receptores de Hubel e Wiesel também influenciaram a Pandemonium – ver Capítulo 1). O mais surpreendente é que essa versão do DQN também tenha sido influenciada pela "repetição da experiência" que ocorre no hipocampo durante o sono. Como o hipocampo, o sistema DQN armazena vários exemplos ou experiências passados, reativando-os rapidamente durante a aprendizagem. Essa característica é crucial: os criadores registraram "uma severa deterioração" de desempenho quando ela foi desativada.

## Sistemas generalistas

O jogador de Atari despertou entusiasmo – e mereceu ser publicado na *Nature* – em parte porque pareceu representar uma etapa na direção da AGI. Um único algoritmo, que não utilizava nenhuma representação artesanal do conhecimento, aprendeu uma ampla gama de competências sobre uma variedade de tarefas que incluíam inputs sensoriais de dimensão relativamente alta. Nenhum programa anterior tinha feito isso.

Nem o programa AlphaGo, criado pela mesma equipe, que em 2016 derrotou o campeão de *go* Lee Sedol, fez isso. Nem o AlphaGoZero, que em 2017 superou o AlphaGo, apesar de não ter sido alimentado com dados sobre jogos de *go* jogado por humanos. A bem da verdade, em dezembro de 2017, o AlphaZero também se tornou perito em xadrez: depois de apenas quatro horas jogando contra si mesmo, partindo de estados aleatórios mas tendo sido abastecido com as regras do jogo, ele derrotou o excelente programa de xadrez Stockfish, com 28 vitórias e 72 empates em cem partidas.

No entanto (como foi observado no início deste capítulo), a AGI completa faria muito mais. Por mais que seja difícil criar uma IA especialista de alto desempenho, criar uma IA generalista é infinitamente mais difícil. (A aprendizagem profunda não é a resposta: seus *fãs* admitem que "são necessários novos paradigmas" que a associem ao raciocínio complexo – uma máxima acadêmica que significa "não temos a mínima ideia".) É por isso que a maioria dos pesquisadores de IA abandonou a antiga expectativa, concentrando-se, em vez disso, em diversas tarefas bem definidas – muitas vezes com enorme sucesso.

Entre os pioneiros da AGI que conservaram as expectativas ambiciosas estavam Newell e John Anderson. Eles criaram o Soar e o ACT-R, respectivamente; os sistemas começaram a operar no início da década de 1980 e ainda continuam sendo aperfeiçoados (e utilizados) cerca de três décadas depois. No entanto, eles simplificaram demais a tarefa, concentrando-se apenas em um pequeno subconjunto de competências humanas.

Em 1962, Simon, colega de Newell, estudou o padrão ziguezagueante de uma formiga em um terreno irregular. Cada movimento, disse ele, é uma reação direta à situação percebida pela formiga naquele momento (esse é o principal conceito da robótica *estabelecida* – ver Capítulo 5). Dez anos depois, o livro de Newell e Simon, *Human Problem Solving* [Solução de problemas humanos], afirmou que a nossa inteligência era similar à da formiga. De acordo com a teoria psicológica deles, a ação perceptiva e a ação motora são complementadas por representações internas (regras, ou "produções", SE-ENTÃO) armazenadas na memória, ou recém-construídas durante a solução do problema.

"Considerados como sistemas comportamentais", afirmaram, "os seres humanos são muito simples." Mas as complexidades comportamentais emergentes são importantes. Por exemplo, eles mostraram que um sistema de apenas catorze regras SE-ENTÃO consegue resolver problemas criptoaritméticos (p. ex., relacionar as letras aos dígitos de 0 a 9 nesta soma: DONALD + GERALD = ROBERT, na qual D = 5). Algumas regras lidam com a organização de objetivos/ objetivos secundários. Algumas dirigem a atenção (para uma letra ou coluna específica). Algumas recordam etapas anteriores (resultados intermediários). Algumas identificam falsos começos. E outras retrocedem repará-los.

Segundo eles, a criptoaritmética serve de exemplo para a arquitetura computacional de *todo* comportamento inteligente – portanto, essa abordagem psicológica combinava com uma IA *generalista*. A partir de 1980, Newell (com John Laird e Paul Rosenbloom) desenvolveu o Soar (Success Oriented Achievement Realized). Ele foi planejado para ser um modelo completo de cognição. Seu raciocínio incorporava percepção, atenção, memória, associação, inferência, analogia e aprendizagem. Reações (situadas) como a da formiga eram combinadas com deliberações internas. Na verdade, a deliberação resultava muitas vezes em reações reflexas, porque uma sequência de objetivos secundários utilizada anteriormente podia ser bloqueada em uma *única* regra.

Na verdade, o Soar não conseguiu modelar *todos* os aspectos da cognição, sendo ampliado posteriormente à medida que as pessoas identificavam algumas das lacunas. A versão atual é utilizada com muitos objetivos, do diagnóstico médico à programação dos horários das fábricas.

O gênero de Controle Adaptativo do Pensamento Racional (ACT-R, na sigla em inglês) de Anderson é composto de sistemas híbridos (ver Capítulo 4) desenvolvidos pela combinação de sistemas de produção e redes semânticas. Esses programas, que identificam as probabilidades estatísticas no ambiente, moldam a memória associativa, o reconhecimento de padrões, o significado, a linguagem, a solução de problemas, o aprendizado, as imagens e (desde 2005) o controle perceptivo-motor.

Uma característica fundamental do ACT-R é a integração dos conhecimentos procedimental e declarativo. Alguém pode *saber* que um teorema de Euclides é verdadeiro sem *saber como* usá-lo numa demonstração geométrica. O ACT-R pode aprender a aplicar uma verdade proposicional por meio da construção de centenas de novas produções que controlam seu uso em condições muito diferentes. Ele aprende quais objetivos, objetivos secundários e objetivos terciários... são relevantes em quais condições, e que resultados uma ação específica terá em diversas circunstâncias. Em suma: ele aprende fazendo. E (como o Soar) ele pode blocar em uma única regra várias regras que muitas vezes são implementadas sequencialmente. Isso põe em paralelo a diferença entre o modo como especialistas e aprendizes humanos resolvem "o mesmo" problema: de forma descuidada ou meticulosamente.

O ACT-R tem diversas aplicações. Seus tutores matemáticos oferecem feedback personalizado, incluindo conhecimento relevante do setor, além da estrutura de solução de problemas baseada em objetivo/objetivo secundário. Graças à blocagem, o tamanho de suas sugestões se modifica à medida que a aprendizagem do aluno prossegue. Outras aplicações dizem respeito ao PLN, à interação entre ser humano e computador, à memória e à atenção humanas, à direção de veículos e à pilotagem de aviões, e à busca visual na internet.

O Soar e o ACT foram contemporâneos de outra experiência precoce na AGI: o CYC de Douglas Lenat. Esse sistema de IA simbólica foi lançado em 1984, e ainda continua sendo aperfeiçoado.

Em 2015, o CYC continha 62 mil "relacionamentos" capazes de ligar os conceitos em seu banco de dados, e milhões de links entre esses conceitos. Entre eles estavam as associações semânticas e factuais armazenadas em grandes redes semânticas (ver Capítulo 3) e inúmeros fatos da física popular – o conhecimento informal dos fenômenos físicos (como o gotejamento e o transbordamento) que todo ser humano tem. O sistema utiliza tanto a lógica monotônica como a não monotônica, além das probabilidades, para raciocinar acerca dos seus dados. (No momento, todos os conceitos e links são codificados à mão, mas o acréscimo da aprendizagem bayesiana em andamento permitirá que o CYC aprenda a partir da internet.)

Ele tem sido utilizado por várias agências governamentais americanas, entre as quais o Departamento de Defesa (para monitorar grupos terroristas, por exemplo) e os institutos nacionais de saúde, além de alguns bancos e companhias de seguro importantes. Uma versão menor – OpenCyc – foi liberada ao público como uma fonte de referência para diversos aplicativos; e um resumo mais completo (ResearchCyc) está disponível para todos que trabalham com IA. Embora o OpenCyc seja atualizado regularmente, ele contém apenas um pequeno subconjunto do banco de dados do CYC, além de um pequeno subconjunto de regras de inferência. Futuramente, o sistema completo (ou quase completo) estará disponível no mercado. No entanto, ele poderia cair em mãos mal-intencionadas – a menos que se tomem medidas específicas para evitar isso (ver Capítulo 7).

Lenat descreveu o CYC na *AI Magazine* (1986) como "algo que utiliza o conhecimento do senso comum para superar a fragilidade e os gargalos da aquisição de conhecimento". Ou seja, ele estava se referindo especificamente ao desafio que McCarthy tinha previsto. Hoje, ele é o líder em moldagem do raciocínio "de senso comum", e também em "compreensão" dos conceitos com os quais lida (o que até mesmo programas aparentemente impressionantes de PLN não conseguem fazer – ver Capítulo 3).

No entanto, o CYC apresenta inúmeras deficiências. Por exemplo, não lida bem com metáforas (embora o banco de dados contenha muitas metáforas mortas, naturalmente). Ignora diversos aspectos da física popular. Seu PLN, embora constantemente aperfeiçoado, é muito limitado. E ele ainda não inclui a visão. Em suma, apesar dos objetivos enciclopédicos,[2] ele não abrange, de fato, o conhecimento humano.

---

2  No original, há um jogo de palavras não traduzível: "en-CYC-lopedic". (N. T.)

## O sonho revitalizado

Newell, Anderson e Lenat trabalharam duro e fora dos holofotes durante trinta anos. Recentemente, porém, o interesse na AGI conheceu um notável renascimento. O ano de 2008 marcou o início de reuniões anuais, e outros sistemas supostamente generalistas vieram se juntar ao Soar, ao ACR-R e ao CYC.

Por exemplo, em 2010, o pioneiro do aprendizado de máquina Tom Mitchell lançou o Nell (Never-Ending Language Learner – algo como Aprendiz de Linguagens sem Limite) na Universidade Carnegie Mellon. Esse sistema baseado no "bom senso" constrói seu conhecimento vasculhando sem parar a internet (no momento em que este livro está sendo escrito, essa pesquisa do Nell já dura sete anos) e aceitando correções on-line por parte do público. Ele consegue fazer inferências simples com base em seus dados (não classificados): por exemplo, o atleta Joe Bloggs joga tênis, já que ele faz parte da equipe que disputa a Taça Davis. Começando com uma ontologia de 200 categorias e relações (p. ex., *mestre*, *compete a*), após cinco anos ele ampliou a ontologia e reuniu 90 milhões de possíveis certezas, cada uma delas com seu próprio nível de confiança.

A má notícia é que o Nell não sabe, por exemplo, que é possível puxar objetos com um barbante, mas não é possível empurrá-los. Na verdade, o suposto bom senso de *todos* os sistemas AGI é seriamente limitado. As alegações de que o notório problema do frame foi "solucionado" são extremamente enganosas.

O Nell tem agora um programa-irmão: o Never-Ending Image Learner (Aprendiz de Imagens sem Limite). Algumas AGIs parcialmente visuais combinam uma representação do conhecimento lógico-simbólico com representações analógicas ou gráficas (uma diferenciação feita há muitos anos por Aaron Sloman, mas que ainda não foi bem compreendida).

Além disso, o Calo (Cognitive Assistant that Learns and Organizes – Assistente Cognitivo que Aprende e Organiza), do Instituto de Pesquisa de Stanford, produziu o aplicativo Siri (ver Capítulo 3), um subproduto comprado pela Apple em 2009 por 200 milhões de dólares. Entre os projetos em andamento comparáveis, estão o intrigante Lida (examinado no Capítulo 6), de Stan Franklin, e o OpenCog, de Ben Goertzel, que recorre a um rico universo virtual, e também a outros sistemas de AGI, para aprender as verdades e os conceitos. (O Lida é um dos dois sistemas generalistas direcionados à *consciência*; o outro é o Clarion.)

Iniciado em 2014, um projeto de AGI ainda mais recente visa à criação de "Uma arquitetura computacional voltada para a capacidade moral dos robôs" (ver Capítulo 7). Além das dificuldades mencionadas anteriormente, ele terá de enfrentar o grande número de problemas relacionados à moralidade.

## Dimensões ausentes

Quase todos os sistemas generalistas atuais se concentram na *cognição*. Anderson, por exemplo, procura descrever "como todos os subcampos da psicologia cognitiva se interligam". ("*Todos*" os subcampos? Embora aborde o controle motor, ele não discute tato nem propriocepção – que às vezes caracterizam a robótica.) Uma IA verdadeiramente geral abrangeria tanto a *motivação* como a *emoção*.

Alguns cientistas admitem isso. Marvin Minsky e Sloman escreveram de forma criteriosa a respeito da arquitetura computacional da mente como um todo, embora nenhum deles tenha construído um modelo que atendesse a essa abordagem.

O modelo de ansiedade Minder, de Sloman, está resumido no Capítulo 3. Seu trabalho (e a teoria psicológica de Dietrich Dorner) inspirou a MicroPsi de Joscha Bach – uma AGI baseada em sete "motivos" diferentes e que utiliza disposições "emocionais" no planejamento e na escolha das ações. Ele também influenciou o sistema Lida mencionado anteriormente (ver Capítulo 6).

Mas mesmo eles não correspondem à verdadeira AGI. O manifesto presciente de Minsky sobre a IA, de 1956, "Etapas em direção à inteligência artificial", identificou obstáculos e esperanças. Muitos daqueles ainda têm de ser superados. Como o Capítulo 3 deve ajudar a demonstrar, a AGI de nível humano ainda não está à vista.

# Capítulo 3
## Linguagem, criatividade e emoção

Algumas áreas da IA parecem especialmente desafiadoras: linguagem, criatividade e emoção. Se a IA não conseguir moldá-las, as esperanças de uma AGI são ilusórias.

Em todos esses casos, alcançou-se mais do que muita gente imagina. No entanto, continuam existindo dificuldades significativas. Essas áreas fundamentalmente "humanas" foram moldadas até certo ponto. (Se os sistemas de IA podem chegar a ter compreensão, criatividade ou emoção *verdadeiras* é algo que será examinado no Capítulo 6. O problema aqui é saber se eles conseguem *dar a impressão* de que as possuem.)

## Linguagem

Um sem-número de aplicativos de IA utiliza o processamento de linguagem natural (PLN). A maioria se concentra na compreensão pelo computador da linguagem que lhe é apresentada, não em sua própria produção linguística. Isso porque a criação do PLN é ainda mais difícil que a sua aceitação.

As dificuldades dizem respeito tanto ao conteúdo temático quanto à forma gramatical. Por exemplo, vimos no Capítulo 2 que sequências de ações familiares ("scripts") podem ser usadas como embrião de histórias de IA. Mas se as representações prévias do conhecimento contêm suficiente motivação humana para tornar a história interessante é outra questão. Um sistema disponível no mercado que escreva resumos anuais descrevendo a mudança da situação financeira de uma empresa gera "histórias" muito chatas. É verdade que existem romances e enredos de novela que são criados por computador – mas eles não ganham nenhum prêmio de sutileza. (Traduções/resumos de IA de textos criados por seres humanos podem ser muito mais ricos, mas isso se deve aos autores *humanos*.)

Quanto à forma gramatical, o texto dos computadores às vezes é gramaticalmente incorreto e geralmente muito canhestro. A narrativa de um jogo da velha gerada pela IA de Davey pode ter estruturas clausulares/subclausulares que combinam muito bem com a dinâmica do jogo. Mas as possibilidades e estratégias do jogo da velha são plenamente compreendidas. Descrever, na maioria das histórias humanas, a sucessão de pensamentos ou ações do protagonista de uma forma igualmente elegante seria muito mais desafiador.

Se nos voltarmos para a *avaliação* da linguagem, alguns sistemas são tediosamente simples: eles exigem apenas o reconhecimento de uma palavra-chave (pense nos "menus" do comércio eletrônico), ou a predição de palavras registradas em um dicionário (pense no complemento automático que acontece quando escrevemos mensagens de texto). Outros são muito mais sofisticados.

Alguns exigem identificação da fala, seja de palavras isoladas, como na compra automática por telefone, ou do discurso contínuo, como na legendagem de TV em tempo real e no grampeamento telefônico. Neste último caso, o objetivo pode ser pinçar palavras específicas (como *bomba* e *Jihad*) ou, mais interessante, captar o sentido da frase como um todo. Trata-se, nesse caso, de um PNL turbinado: as próprias palavras – pronunciadas por muitas vozes diferentes e com sotaques locais/estrangeiros diferentes – têm de ser diferenciadas primeiro. (As distinções de palavras aparecem claramente nos textos impressos.) A aprendizagem profunda (ver Capítulo 4) possibilitou avanços importantes no processamento do discurso.

Entre os exemplos impressionantes daquilo que se assemelha a uma compreensão da frase inteira estão a tradução automática; a garimpagem de dados de grandes coletâneas de textos de linguagem natural; os resumos de artigos de jornais e periódicos; e as respostas a perguntas abertas (cada vez mais utilizadas nas buscas do Google e no aplicativo para iPhone *Siri*).

Mas será que esses sistemas realmente conseguem avaliar as linguagens? Será que conseguem lidar com a gramática, por exemplo?

Nos primórdios da IA, as pessoas supunham que, para compreender a linguagem, era necessário recorrer à análise sintática. Muitos esforços foram direcionados à criação de programas que fizessem isso. O exemplo notável – que trouxe para a

IA a atenção de uma grande quantidade de pessoas que nunca tinham ouvido falar dela, ou que a tinham descartado como impossível – foi o SHRDLU de Terry Winograd, criado no MIT no início da década de 1970.

Esse programa aceitava instruções em inglês que diziam a um robô para construir estruturas feitas de blocos coloridos, e planejava precisamente a maneira como determinados blocos deveriam ser movimentados para alcançar o objetivo. Ele foi extremamente influente por diversos motivos, alguns dos quais se referiam à IA em geral. O que é relevante nesse caso é a sua capacidade inaudita de conferir estruturas gramaticais detalhadas a frases complexas como: *Quantos ovos você iria usar no bolo se não soubesse que a receita da sua avó estava errada?* (Experimente!)

Para fins tecnológicos, o SHRDLU revelou-se um fiasco. Como tinha muitos defeitos, o programa só podia ser utilizado por um punhado de pesquisadores extremamente experimentados. Vários outros processadores sintáticos foram criados mais ou menos na mesma época, mas eles também não podiam ser estendidos aos textos do mundo real. Em suma: logo ficou claro que a análise dos caprichos da sintaxe era difícil demais para os sistemas-padrão.

Os caprichos da sintaxe não eram o único problema. No uso da linguagem humana, o *contexto* e a *relevância* também são importantes. Não era óbvio se a IA conseguiria lidar com eles um dia.

Na verdade, o Relatório Alpac do governo americano de 1964 (sigla em inglês de Comitê Consultivo do Processamento da Linguagem Automática) tinha declarado que a tradução automática era algo impossível. Além de prever que não haveria um número suficiente de pessoas que desejaria usá-la, para torná-la comercialmente viável (embora o auxílio das máquinas para os tradutores humanos pudesse ser reconhecidamente factível), o relatório argumentou que os computadores iriam ter muita dificuldade com a sintaxe, seriam derrotados pelo contexto e – acima de tudo – seriam insensíveis à relevância.

Isso foi devastador para a tradução automática (cujo financiamento praticamente secou da noite para o dia) e a IA em geral, o que foi interpretado, em grande medida, como uma demonstração de que a IA era inútil. O *bestseller Computers and Common Sense* [Computadores e senso comum] já tinha defendido (em 1961) que a IA representava um desperdício do dinheiro do contribuinte. Agora, parecia que os principais especialistas do governo estavam de acordo com isso. Consequentemente, duas universidades estadunidenses que estavam prestes a abrir departamentos de IA cancelaram seus projetos.

Não obstante, as pesquisas em IA prosseguiram, e quando o prodígio em sintaxe SHRDLU entrou em cena alguns anos depois, ele pareceu uma defesa vitoriosa da Gofai. Mas as dúvidas não tardaram a se espalhar. Consequentemente, o PLN voltou-se cada vez mais para o contexto em lugar da sintaxe.

Alguns pesquisadores tinham levado a sério o contexto semântico já no início da década de 1950. O grupo de Margaret Masterman, em Cambridge, Inglaterra, tinha abordado a tradução automática (e a recuperação de informação) utilizando um *thesaurus* em vez de um dicionário. Eles consideravam a sintaxe como "aquela parte da linguagem muito superficial e extremamente redundante que [as pessoas apressadas], muito corretamente, deixam de lado", e se concentravam em grupos de palavras e não em palavras isoladas. Em vez de tentar traduzir palavra por palavra, eles procuravam no texto vizinho palavras de significado semelhante. Isso (quando funcionava) possibilitou que palavras ambíguas fossem traduzidas corretamente. Portanto, *bank* podia ser traduzido (em francês) como *rive* [margem] ou *banque* [banco], dependendo de o contexto conter palavras como *water* [água] ou *money* [dinheiro], respectivamente.

Essa abordagem contextual baseada em *thesaurus* podia ser reforçada ao também levar em conta palavras que muitas vezes ocorrem simultaneamente, apesar de terem significados *diferentes*. E, com o passar do tempo, foi isso que aconteceu. Além de diferenciar diversos tipos de semelhança léxica – sinônimos (*vazio/vago*), antônimos (*vazio/cheio*), pertencimento a uma categoria (*peixe/animal*) e inclusão nela (*animal/peixe*), compartilhamento de nível de categoria (*bacalhau/salmão*) e parte/todo (*nadadeira/peixe*) – a tradução automática atual também identifica ocorrências temáticas simultâneas (*peixe/água, peixe/margem, peixe/pedaços* etc.).

Agora está claro que não é necessário saber lidar com os caprichos da sintaxe para resumir, questionar ou traduzir um texto de linguagem natural. A PLN atual depende mais de músculos (capacidade computacional) do que de cérebro (análise gramatical). A matemática – especificamente a estatística – superou a lógica, e a tradução automática (incluindo a aprendizagem profunda, mas não restrita a ela) substituiu a análise sintática. As novas abordagens da PLN, que vão de textos escritos ao reconhecimento da fala, são tão eficazes que atualmente se considera que o padrão de aceitabilidade das aplicações práticas é de 95%.

No PLN contemporâneo, computadores poderosos realizam pesquisas estatísticas em enormes coletâneas ("corpora") de textos (para a tradução automática, elas são traduções feitas por seres humanos) para encontrar amostras de palavras, tanto corriqueiras como inesperadas. Eles podem descobrir a probabilidade estatística de *peixe/água* ou *peixe/girino*, ou de *peixe e pedaços/sal e vinagre*. Além disso (como foi observado no Capítulo 2), hoje o PLN é capaz de aprender a construir "vetores de palavras" que representem as nuvens probabilísticas de significado que acompanham um determinado conceito. Contudo, o foco geralmente é nas palavras e nas frases, não na sintaxe. A gramática não é ignorada: rótulos como ADJetivo e ADVérbio podem ser atribuídos, tanto automaticamente como à mão, a algumas palavras dos textos examinados. Mas a *análise* sintática é pouco utilizada.

Mesmo a análise *semântica* detalhada não tem muito destaque. A semântica "composicional" utiliza a sintaxe para analisar o significado das frases; mas ela está presente nos laboratórios de pesquisa, não em aplicações de larga escala. O raciocinador "sensato" CYC dispõe de representações semânticas relativamente completas dos seus conceitos (palavras), e, consequentemente, os "compreende" melhor (ver Capítulo 2). Mas isso ainda é raro.

A tradução automática atual pode ser surpreendentemente bem-sucedida. Alguns sistemas estão restritos a pequenos conjuntos de tópicos, mas outros são mais abertos. O Google Translate oferece tradução automática sem restrição de tópicos a mais de 200 milhões de usuários todos os dias. O Systran é utilizado diariamente pela União Europeia (para 24 idiomas) e Otan, além da Xerox e da General Motors.

Muitas dessas traduções, incluindo a tradução de documentos da UE, são quase perfeitas (porque os textos originais utilizam apenas um subconjunto limitado de palavras). Muitas outras são imperfeitas, mas de fácil compreensão, porque os leitores bem informados conseguem ignorar os erros gramaticais e as escolhas de palavras deselegantes – como fazemos quando ouvimos um falante não nativo. Algumas exigem uma pós-edição mínima feita por seres humanos. (No caso do japonês, podem ser necessárias pré-edição e pós-edição cuidadosas. O japonês não contém nenhuma palavra segmentada, como o tempo passado do verbo votar em inglês (*vot-ed*), e as sequências das frases são invertidas. A equiparação automática de línguas de diferentes grupos linguísticos normalmente é difícil.)

Em suma, os resultados da tradução automática geralmente são suficientemente adequados para que o usuário humano compreenda. Do mesmo modo, programas de PLN monolíngues que resumem ensaios de periódicos geralmente são capazes de indicar se vale a pena ler o ensaio inteiro. (De todo modo, pode-se dizer que a tradução *perfeita* é impossível. Por exemplo, quando se pede uma maçã em japonês é preciso que a linguagem reflita os *status* sociais comparativos dos interlocutores; mas não existem distinções equivalentes em inglês.)

A tradução simultânea disponível em aplicações de IA como o Skype não é tão eficaz. Isso porque o sistema tem de reconhecer a fala, não o texto escrito (no qual as palavras individuais estão claramente separadas).

Dois outros importantes aplicativos de PLN são métodos de recuperação de informação: de *busca ponderada* (introduzido pelo grupo de Masterman em 1976) e de *mineração de dados*. O motor de busca do Google, por exemplo, busca termos avaliados por relevância – que é calculada estatisticamente, não semanticamente (isto é, *sem* compreensão).

A mineração de dados pode descobrir padrões desconhecidos dos usuários humanos. Utilizada durante muito tempo para pesquisas de marketing sobre produtos e marcas, ela agora está sendo aplicada (geralmente utilizando a aprendizagem profunda) ao Big Data: enormes coletâneas de textos (frequentemente escritos em vários idiomas) ou imagens, como relatórios científicos, registros médicos ou declarações nas redes sociais e na internet.

Os aplicativos de mineração de Big Data incluem vigilância e contraespionagem, além do monitoramento de comportamentos públicos por governos, tomadores de decisão e cientistas sociais. Essas investigações podem comparar as mudanças de opinião de diferentes subgrupos, homens/mulheres, jovens/velhos, Norte/Sul, e assim por diante. Por exemplo, o instituto de pesquisa britânico Demos (que trabalha com uma equipe de análise de dados de PLN na Universidade de Sussex) analisou milhares de mensagens do Twitter relacionadas a misoginia, grupos étnicos e polícia. É possível investigar explosões súbitas de tuítes depois de acontecimentos específicos ("incidentes de tuíte") para descobrir, por exemplo, mudanças na opinião pública a respeito da reação da polícia diante de um incidente específico.

Resta ver se é possível confiar que o PLN do Big Data irá gerar, de maneira confiável, resultados úteis. A mineração de dados (que utiliza "análise de sentimento") geralmente procura mensurar não apenas o nível de interesse público, mas seu tom de avaliação. Contudo, isso não é fácil de identificar. Por exemplo, um tuíte que contenha, aparentemente, um apelido racial depreciativo, e que, portanto, seja classificado automaticamente como tendo um ponto de vista "negativo", na verdade pode não ser depreciativo. Ao lê-lo, um juiz humano pode considerar que o termo foi empregado (nesse caso) como um sinal positivo da identidade de grupo, ou como uma descrição neutra (p. ex. *The Paki shop on the corner* – A loja de esquina do paquistanês), não como insulto ou injúria. (A pesquisa do Demos constatou que apenas uma pequena proporção de tuítes contendo termos raciais/étnicos são de fato agressivos.)

Em casos como esse, o julgamento humano vai se basear no contexto – por exemplo, as outras palavras do tuíte. Talvez seja possível ajustar os critérios automáticos de busca para que ela produza menos atribuições com "ponto de vista negativo". Por outro lado, pode ser que isso não funcione. Esses julgamentos são muitas vezes questionáveis. Mesmo quando feitos de comum acordo, pode ser difícil identificar os aspectos do contexto que justificam a interpretação humana.

Este é apenas um exemplo da dificuldade de determinar *relevância* em termos computacionais (ou até mesmo verbais).

Dois aplicativos de PLN muito conhecidos talvez pareçam contradizer, à primeira vista, essa afirmação: Siri, da Apple, e Watson, da IBM.

Siri é uma assistente pessoal (baseada em regras), um "chat-bot" falante que consegue responder com rapidez a um grande número de perguntas. Tem acesso a tudo na internet – incluindo Google Maps, Wikipedia, a edição sempre atualizada do *New York Times* e listas de serviços locais, como táxis e restaurantes. Ela também recorre ao eficiente respondedor de perguntas WolframAlpha, que usa o raciocínio lógico para elaborar – não apenas *encontrar* – respostas para uma ampla gama de questões factuais.

Siri aceita uma pergunta oral do usuário (a cuja voz e dialeto ela se adapta gradualmente), e responde utilizando análise de busca na internet e análise conversacional. A análise conversacional estuda como as pessoas organizam a sequência de tópicos em uma conversa e como elas coordenam interações como explicação e consentimento. Essa abordagem permite que a Siri leve em conta perguntas como *O que o interlocutor deseja?* e *Como ela deve responder?*, além de se adaptar — até certo ponto — aos interesses e preferências de cada usuário.

Em suma: Siri parece ser sensível não apenas à importância do assunto, mas também à importância da pessoa. Ela é, portanto, superficialmente impressionante. No entanto, é fácil induzi-la a dar respostas ridículas — e se o usuário se afastar da esfera dos fatos, Siri está perdida.

Watson também se concentra nos fatos. Ele já é utilizado em alguns *call centers* como um recurso acessível (com 2.880 processadores centrais) para lidar com Big Data, e está sendo adaptado para aplicativos médicos, como avaliação de terapias de câncer. Ao contrário da Siri, ele não responde simplesmente a perguntas diretas. Também consegue lidar com os enigmas que surgem no jogo de conhecimentos gerais Jeopardy!.

Em Jeopardy!, os jogadores não têm de responder a perguntas diretas; eles recebem uma pista e têm de adivinhar qual seria a pergunta relevante. Dizem a eles, por exemplo: "No dia 9 de maio de 1921, essa companhia aérea literalmente perfeita abriu seu primeiro escritório de atendimento a passageiros em Amsterdã", e eles deveriam perguntar: "O que é KLM?".

Watson é capaz de enfrentar esse desafio, e muitos outros. Ao contrário de Siri, sua versão lúdica de Jeopardy! não tem acesso à internet (embora a versão médica tenha), e nenhuma noção da estrutura das conversas, além de não ser capaz de descobrir nenhuma resposta por meio do raciocínio lógico. Em vez disso, ele utiliza maciçamente a busca estatística paralela em um imenso, mas fechado, banco de dados. O banco de dados contém documentos – inúmeras resenhas e obras de referência, além do *New York Times* – que fornecem informações a respeito de temas que vão de lepra a Liszt, de hidrogênio a Hidra, e assim por diante. Quando joga Jeopardy!, sua busca é orientada por centenas de algoritmos especialmente criados que refletem as probabilidades inerentes ao jogo. Além disso, ele consegue aprender com as perguntas dos seus competidores humanos.

Em 2011, Watson igualou o momento Kasparov do seu primo da IBM Deep Blue (ver Capítulo 2) ao derrotar, aparentemente, os dois principais campeões humanos. ("Aparentemente" porque o computador reage instantaneamente, ao passo que os seres humanos precisam de um tempo de reação antes de pressionar a campainha.) Porém, assim como o Deep Blue, ele nem sempre ganha.

Certa feita ele perdeu porque, embora estivesse concentrado corretamente em uma *perna* de atleta específica, ele não percebeu que o fato decisivo em seus dados armazenados era que *faltava* uma perna àquela pessoa. Esse erro não vai ocorrer novamente, porque os programadores do Watson sinalizaram a importância da palavra *falta*. Mas ocorrerão outros. Mesmo nos contextos comuns da busca de fatos, as pessoas muitas vezes dependem de julgamentos de relevância que estão fora do alcance do Watson. Por exemplo: uma pista exigia a identidade de dois dos discípulos de Jesus cujos nomes, em inglês, estão no topo da lista dos nomes mais escolhidos de bebês, e terminam com a mesma letra. A resposta era "Matthew e

Andrew" [Mateus e André] – que Watson percebeu imediatamente. O campeão humano também deu a mesma resposta. Mas a sua primeira opção tinha sido "James e Judas" [Tiago e Judas], que ele rejeitou, segundo seu relato, porque, "por alguma razão, eu não achava que Judas fosse um nome popular de bebê". Watson não poderia ter feito isso.

Julgamentos humanos de relevância geralmente são muito menos óbvios do que esse, além de serem sutis demais para o PLN de hoje. Na verdade, relevância é uma versão linguística/conceitual do implacável "problema do frame" em robótica (ver Capítulo 2). Muitas pessoas diriam que ele nunca será inteiramente compreendido por um sistema não humano. Se isso se deve unicamente à enorme complexidade envolvida ou ao fato de que a relevância está enraizada na nossa forma de vida especificamente humana, é algo que examinaremos no Capítulo 6.

## Criatividade

A criatividade – a capacidade de produzir ideias ou artefatos novos, surpreendentes e valiosos – é o ápice da inteligência humana, além de ser indispensável para a AGI de nível humano. Mas ela é amplamente considerada como algo misterioso. Se não é evidente como as novas ideias podem surgir nas *pessoas*, que dirá nos computadores.

Até mesmo *reconhecer* isso não é simples: as pessoas discordam frequentemente se uma ideia é criativa ou não. Algumas discordâncias giram em torno de saber se, e em que sentido, ela é realmente nova. Uma ideia pode ser nova apenas para o indivíduo envolvido com ela, ou nova também para o conjunto da história humana (como exemplo, respectivamente, de criatividade "individual" e "histórica"). Em ambos os casos, ela pode ser *mais* ou *menos* similar às ideias precedentes, deixando espaço para futuras discordâncias. Outras controvérsias giram em torno da valorização (que envolve a consciência funcional e, às vezes, a fenomenal – ver Capítulo 5). Uma ideia pode ser valorizada por um grupo social, mas não por outros. (Pense como os jovens de hoje desprezam quem trata com carinho seus DVDs do ABBA.)

Geralmente se supõe que a IA não teria nada de interessante a dizer acerca da criatividade. No entanto, a tecnologia de IA gerou muitas ideias que são historicamente novas, surpreendentes e valiosas. Elas surgem, por exemplo, nos projetos de máquinas, nos produtos farmacêuticos e em diversos tipos de arte computacional.

Além disso, os conceitos de IA ajudam a explicar a criatividade *humana*. Eles nos permitem diferenciar três tipos de criatividade: combinacional, exploratória e transformacional. Elas envolvem mecanismos psicológicos diferentes, que trazem à tona diferentes tipos de surpresa.

Na criatividade *combinacional*, ideias conhecidas são combinadas de maneira não usual. Entre os exemplos estão a colagem visual, as imagens poéticas e as analogias científicas (o coração como uma bomba, o átomo como um sistema solar).

A nova combinação produz uma surpresa estatística: ela era improvável, como um *outsider* ganhar um derby. Mas ela é compreensível e, portanto, valiosa. *O quão valiosa* depende dos julgamentos de relevância, discutidos anteriormente.

A criatividade *exploratória* é menos idiossincrática, porque ela explora um modo de pensar valorizado culturalmente (p. ex., estilos de pintura ou de música, ou subáreas da química ou da matemática). As regras de estilo são utilizadas (em grande medida de forma inconsciente) para produzir a nova ideia – da mesma forma que a gramática inglesa cria novas frases. O artista/cientista pode explorar o potencial do estilo de maneira incondicional. Ou pode estendê-lo e testá-lo, descobrindo o que consegue e o que não consegue criar. O estilo pode até mesmo ser refinado, alterando-se levemente (p. ex., afrouxando/reforçando) uma regra. A nova estrutura, apesar da sua novidade, será identificada como parte de uma família estilística conhecida.

A criatividade *transformacional* é uma sucessora da criatividade exploratória, sendo desencadeada normalmente pela frustração diante dos limites do estilo existente. Nesse caso, uma ou mais restrições estilísticas são radicalmente alteradas (abandonadas, negadas, complementadas, substituídas, acrescentadas...), de forma que são geradas novas estruturas que *não poderiam* ter sido geradas antes. Essas novas ideias são profundamente surpreendentes, porque elas são aparentemente *impossíveis*. Muitas vezes, elas são inicialmente ininteligíveis, pois não podem ser plenamente compreendidas nos termos do modo de pensar anteriormente aceito. No entanto, para serem aceitas, têm de estar inteligivelmente próximas do modo de pensar anterior. (Às vezes esse reconhecimento leva anos.)

Os três tipos de criatividade estão presentes na IA, muitas vezes com resultados que os observadores atribuem aos seres humanos (na verdade, sendo aprovados no Teste de Turing – ver Capítulo 6). Mas elas não são encontradas nas proporções esperadas.

Existe, particularmente, um número muito pequeno de sistemas combinacionais. Pode-se pensar que é fácil modelar a criatividade combinacional. Afinal de contas, não há nada mais simples do que fazer um computador produzir associações desconhecidas de ideias já armazenadas. Os resultados serão muitas vezes historicamente novos e (estatisticamente) surpreendentes. Mas, para que também sejam valorizados, eles devem ser reciprocamente relevantes. Como vimos, isso não é algo fácil de realizar. O programa de geração de piadas mencionado no Capítulo 2 utiliza modelos de piadas que ajudam a produzir relevância. Igualmente, o *raciocínio baseado em casos* da IA constrói analogias graças a semelhanças estruturais pré-codificadas. Portanto, sua criatividade "combinacional" também conta com a presença marcante da criatividade exploratória.

Por outro lado, poder-se-ia esperar que a IA nunca conseguiria modelar a criatividade transformacional. Essa expectativa também é equivocada. É claro que qualquer programa só pode fazer o que é potencialmente capaz de fazer. Contudo, os programas evolutivos conseguem se transformar (ver Capítulo 5). Conseguem até avaliar suas ideias recém-transformadas – mas somente *se* o programador forneceu critérios claros de seleção. Esses programas costumam ser usados por aplicativos de IA que buscam novidades, como a criação de novos instrumentos científicos ou de novos remédios.

No entanto, este não é um caminho mágico para a AGI. Resultados úteis raramente podem ser garantidos. Alguns programas evolutivos (em matemática ou ciências) podem encontrar, com segurança, a solução ideal, mas existem muitos programas que não podem ser determinados por otimização. A criatividade transformacional é arriscada, porque regras anteriormente aceitas são quebradas. Qualquer estrutura nova tem de ser avaliada, senão sobrevém o caos. Mas as funções de adequação da IA atual são determinadas por seres humanos: os programas não conseguem adaptá-las/desenvolvê-las de forma independente.

A criatividade exploratória é o tipo mais adequado para a IA. Os exemplos são muitos. Algumas novidades de IA exploratória em engenharia, entre elas uma gerada por um programa do criador do CYC (ver Capítulo 2), foram patenteadas. Embora uma ideia patenteada não seja "evidente para uma pessoa qualificada na matéria", ela pode se encontrar, inesperadamente, dentro do potencial do estilo que está sendo explorado. Algumas investigações da IA são impossíveis de diferenciar das conquistas extraordinárias do ser humano – como a composição de música no estilo de Chopin e Bach pelos programas de David Cope. (Quantos *seres humanos* conseguem fazer isso?)

No entanto, até mesmo a IA exploratória depende do julgamento humano, pois alguém tem de identificar – e determinar claramente – as regras de estilo em questão. Isso normalmente é difícil. Um especialista mundial nas casas de pradaria de Frank Lloyd Wright desistiu de definir seu estilo arquitetônico, afirmando que ele era "misterioso". Posteriormente, uma "gramática de formas" computável gerou uma quantidade infinita de projetos de casa de pradaria, incluindo os originais de quarenta e tantos anos atrás – e *todos* eram plausíveis. Contudo, o responsável final pelo êxito do sistema foi o analista humano. As explorações criativas de uma AGI seriam "um trabalho inteiramente dela" somente se ela pudesse analisar estilos (nas artes ou nas ciências) *por si só*. Apesar de alguns exemplos recentes – muito limitados – de identificação de estilos artísticos pela aprendizagem profunda (ver Capítulos 2 e 4), essa é uma tarefa difícil.

A IA possibilitou que artistas humanos desenvolvessem uma nova forma de arte: a arte gerada por computador (CG, na sigla em inglês). Ela diz respeito à arquitetura, às artes gráficas, à música, à coreografia e – com menos sucesso (considerando-se as dificuldades do PLN com sintaxe e relevância) – à literatura. Na arte CG, o computador não é uma simples ferramenta, comparável a um novo pincel que ajudaria o artista a fazer coisas que ele poderia ter feito de qualquer maneira.

Pelo contrário, a obra não poderia ter sido feita, ou talvez nem sequer imaginada, sem ele.

A arte CG é um exemplo dos três tipos de criatividade. Pelos motivos apresentados anteriormente, dificilmente uma arte CG é combinacional. (O programa The Painting Fool, de Simon Colton, produziu colagens visuais relacionadas à guerra – mas ele foi especificamente orientado a procurar imagens associadas a "guerra", que eram facilmente acessíveis em seu banco de dados.) A maioria é exploratória ou transformacional.

Às vezes, o computador produz a obra de arte de maneira totalmente independente, executando o programa criado pelo artista. É o caso do programa Aaron, de Harold Cohen, que produz desenhos de linhas e imagens coloridas sem ajuda (às vezes gerando cores de uma beleza tão audaciosa que Cohen diz que o programa é um colorista melhor que ele próprio).

Na arte interativa, pelo contrário, a forma final da obra de arte depende, em parte, de informações fornecidas pelo público – que pode ter, ou não, um controle deliberado sobre o que acontece. Alguns artistas interativos consideram o público como parceiros de criação, outros como simples elementos causais que influenciam, de modo não intencional, a obra de arte de diversas maneiras (e alguns, como Ernest Edmonds, defendem as duas abordagens). Na arte evolutiva, exemplificada por William Latham e Jon McCormack, os resultados são gerados/transformados ininterruptamente pelo computador, mas a *seleção* normalmente é feita pelo artista ou pelo público.

Em suma, a criatividade da IA tem muitas aplicações. Às vezes ela consegue igualar, ou até mesmo superar, os padrões humanos em um pequeno nicho científico ou artístico. Mas igualar a criatividade humana *em termos gerais* é outra história. A AGI continua muito longe disso.

## IA e emoção

Assim como a criatividade, a emoção é vista normalmente como algo totalmente estranho à IA. Além da implausibilidade intuitiva, o fato de os humores e as emoções dependerem da liberação dos neuromoduladores no cérebro parece descartar modelos de afeto de IA.

Durante muitos anos, os próprios cientistas pesquisadores de IA pareceram concordar com isso. Com algumas poucas exceções iniciais nas décadas de 1960 e 1970 – a saber, Herbert Simon, que considerava que as emoções faziam parte do controle cognitivo, e Kenneth Colby, que produziu modelos interessantes, embora extremamente ambiciosos, de neurose e paranoia –, eles ignoraram as emoções.

Hoje as coisas são diferentes. A neuromodulação foi simulada (nas GasNets: ver Capítulo 4). Além disso, atualmente, um grande número de grupos de pesquisa de IA está se dedicando às emoções. A maior parte dessas pesquisas (não exatamente todas) é superficial do ponto de vista teórico. E a maioria é potencialmente lucrativa e tem como objetivo desenvolver "robôs para o acompanhamento pessoal".

Trata-se de sistemas de IA – alguns baseados em telas, outros robôs que andam – projetados para interagir com as pessoas de um modo afetivamente reconfortante, até mesmo agradável, para o usuário. A maioria é voltada para idosos e/ou inválidos, incluindo pessoas com sintomas iniciais de demência. Alguns são dirigidos a bebês ou crianças. Outros são "jogos adultos" interativos. Em suma: robôs cuidadores, babás robôs e parceiros sexuais.

No caso, as interações ser humano-robô incluem: apresentar lembretes relacionados a compras, remédios e visitas de familiares; conversar a respeito de um diário pessoal contínuo e ajudar a compilá-lo; organizar um calendário dos programas de TV e discuti-los, incluindo o noticiário diário; preparar/pedir comida e bebida; monitorar os sinais vitais (e o choro dos bebês); e falar e se mexer de maneira sexualmente estimulante.

Muitas dessas tarefas envolvem emoção por parte da pessoa. Quanto ao companheiro de IA, ele pode ser capaz de identificar emoções no usuário humano e/ou pode reagir de maneira aparentemente emocional. Por exemplo, a tristeza do usuário – causada, talvez, pela menção a uma perda – pode provocar uma demonstração de simpatia por parte da máquina.

Os sistemas de IA já são capazes de identificar emoções humanas de diversas maneiras. Algumas são fisiológicas: monitorar o grau de velocidade da respiração da pessoa e da reação galvânica da pele. Algumas são verbais: perceber a velocidade e a entonação com que o falante se expressa, bem como seu vocabulário. E algumas são visuais: analisar suas expressões faciais. No momento, todos esses métodos são relativamente incipientes. É frequente que as emoções do usuário não sejam percebidas e sejam mal interpretadas.

O desempenho emocional por parte do robô para o acompanhamento pessoal normalmente é verbal. Ele se baseia no vocabulário (e na entonação, se o sistema gerar fala). Porém, da mesma forma que o sistema está atento às palavras conhecidas ditas pelo usuário, ele também reage de maneira extremamente estereotipada. De vez em quando, pode citar um comentário ou poema de autoria humana associado a algo que o usuário disse – talvez no diário. Mas as dificuldades de PLN significam que é improvável que o texto gerado por computador tenha a sutileza adequada. Ele pode até não ser aceitável: o usuário pode ficar irritado e decepcionado com um companheiro incapaz de oferecer até mesmo a *aparência* do verdadeiro companheirismo. Do mesmo modo, um gato robô que ronrona pode irritar o usuário em vez de transmitir, de maneira tranquila, um descontraído bem-estar.

O contrário também pode acontecer: *Paro*, um carinhoso "filhote de foca" interativo, com olhos negros atraentes e cílios exuberantes, parece ser benéfico para um grande número de idosos e/ou pessoas com demência. (As versões futuras vão monitorar os sinais vitais, alertando, portanto, os cuidadores humanos da pessoa.)

Alguns companheiros de IA podem usar suas próprias expressões faciais e olhar atento para reagir de maneira aparentemente emocional. Alguns robôs possuem uma "pele" flexível que cobre um simulacro de musculatura facial humana, cuja configuração pode sugerir (para o observador humano) até uma dúzia de emoções básicas. Os sistemas baseados em tela costumam apresentar o rosto de um personagem virtual, cujas expressões mudam de acordo com as emoções que ele (ela?) supostamente está sentindo. No entanto, todas essas coisas correm o risco de cair no chamado "vale sinistro": as pessoas geralmente ficam incomodadas, ou até mesmo profundamente ansiosas, quando se deparam com criaturas que são muito semelhantes aos seres humanos, *mas que não são suficientemente semelhantes*. Robôs, ou avatares de tela, com rostos que não são muito humanos, podem, portanto, ser vistos como uma ameaça.

Se é ético ou não oferecer essa semicompanhia a pessoas emocionalmente carentes é algo questionável (ver Capítulo 7). Não há dúvida de que alguns sistemas interativos ser humano-computador (Paro, p. ex.) passam a impressão de que proporcionam prazer, e até mesmo uma alegria duradoura, a pessoas cujas vidas pareceriam, de outra maneira, vazias. Mas será que isso basta?

Os modelos "para acompanhamento pessoal" têm pouca profundidade teórica. Os aspectos emocionais dos companheiros da IA estão sendo desenvolvidos com propósitos comerciais. Não há nenhuma tentativa de fazê-los utilizar as emoções para resolver seus próprios problemas nem para esclarecer o papel que as emoções têm no funcionamento da mente como um todo. É como se esses pesquisadores de IA considerassem as emoções como complementos opcionais: elas devem ser descartadas a menos que, em um contexto humano confuso, sejam inevitáveis.

Essa postura indiferente era comum na IA até recentemente. Mesmo a obra de Rosalind Picard sobre "computação afetiva", que tirou as emoções do ostracismo no final da década de 1990, não as analisou profundamente.

Uma das razões pelas quais a IA ignorou a emoção (e as observações criteriosas de Simon sobre ela) durante tanto tempo é que a maioria dos psicólogos e filósofos também agiu assim. Em outras palavras, eles não pensavam na *inteligência* como algo que exige emoção. Pelo contrário: supunha-se que o afeto atrapalhava a solução dos problemas e a racionalidade. A ideia de que a emoção pode ajudar alguém a decidir o que fazer, e como fazê-lo da melhor maneira possível, não estava na moda.

Ela acabou ficando mais visível graças, em parte, à evolução da psicologia clínica e da neurociência. Mas sua entrada na IA também se deveu a dois cientistas de IA, Marvin Minsky e Aaron Sloman, que estudavam, havia muito, *a mente como um todo*, em vez de ficarem confinados – como a maioria dos seus colegas – ao cantinho do intelecto.

Por exemplo, o projeto CogAff, de Sloman, que está em fase de desenvolvimento, tem como foco o papel das emoções na arquitetura computacional da mente. O CogAff influenciou o modelo Lida de consciência, lançado em 2011 e que ainda está sendo ampliado (ver Capítulo 6). Ele também inspirou o programa Minder, iniciado pelo grupo de Sloman no final dos anos 1990.

O programa Minder simula os aspectos funcionais da ansiedade que surge dentro de uma babá incumbida de cuidar de vários bebês sozinha. Ela tem que realizar apenas algumas tarefas: alimentá-los, tentar evitar que eles caiam no fosso, e levá-los ao pronto-socorro se isso acontecer. E ela tem apenas algumas motivações (objetivos): alimentar um bebê; pôr um bebê atrás de uma cerca protetora, se houver uma; tirar um bebê de um fosso e levá-lo ao pronto-socorro; vigiar o fosso; construir uma cerca; deixar o bebê a uma distância segura do fosso; e, se nenhum outro motivo for então ativado, ficar andando pelo berçário.

Portanto, ela é extremamente mais simples que uma babá de verdade (embora mais complexa que um programa de planejamento típico, que tem apenas um único objetivo final). No entanto, ela está predisposta a transtornos emocionais comparáveis a diversos tipos de ansiedade.

A babá virtual tem de reagir de maneira adequada aos sinais visuais do seu ambiente. Alguns deles desencadeiam (ou influenciam) objetivos que são mais urgentes que outros: um bebê que engatinha na direção do fosso precisa que ela lhe dê atenção antes de dar atenção a um bebê que está com fome, e aquele que está prestes a cair dentro do fosso precisa que ela lhe dê uma atenção mais prioritária ainda. Mas mesmo os objetivos que podem ser temporariamente suspensos têm de ser enfrentados em algum momento, e seu nível de urgência pode aumentar com o tempo. Portanto, um bebê com fome pode ser posto de volta no berço se outro bebê estiver perto do fosso; mas o bebê que esperou por mais tempo pela comida deve ser alimentado antes daqueles que foram alimentados mais recentemente.

Resumindo: às vezes as tarefas da babá podem ser interrompidas, abandonadas ou temporariamente suspensas. O Minder só tem de decidir quais são as prioridades do momento. Essas decisões têm de ser tomadas ao longo da sessão e podem provocar mudanças frequentes de comportamento. Virtualmente nenhuma tarefa pode ser concluída sem interrupção, porque o ambiente (os bebês) faz uma grande quantidade de exigências conflitantes e variáveis ao sistema. Tal como acontece com uma babá de verdade, a ansiedade aumenta e o desempenho diminui quando o número de bebês aumenta – cada um deles é um agente autônomo imprevisível. No entanto, a ansiedade é útil, pois ela permite que a babá cuide bem dos bebês. Bem, mas não *com tranquilidade*: calma e ansiedade são polos opostos.

O Minder indica algumas formas pelas quais as emoções podem controlar o comportamento, programando motivações concorrentes de maneira inteligente. Não há dúvida de que uma babá humana vai sentir diversos tipos de ansiedade à medida que a sua situação muda. Mas, nesse caso, o essencial é que emoções não são apenas *sentimentos*. Elas envolvem consciência funcional, assim como fenomenal (ver Capítulo 6). Elas são, em especial, mecanismos computacionais que nos permitem programar motivações concorrentes – e sem os quais não poderíamos funcionar. (Portanto, o sr. Spock despido de emoções de *Jornada nas estrelas* é uma impossibilidade evolutiva.)

Se quisermos alcançar a AGI, emoções como a ansiedade terão de ser incluídas – e *utilizadas*.

# Capítulo 4
## Redes neurais artificiais

As redes neurais artificiais (RNAs) são compostas por um grande número de unidades interconectadas, cada uma delas capaz de processar apenas uma coisa. Definidas dessa maneira, elas podem parecer enfadonhas. Contudo, elas podem parecer quase mágicas – e certamente conquistaram os jornalistas. Os "perceptrons" de Frank Rosenblatt, máquinas elétricas que aprenderam a identificar letras sem terem sido expressamente ensinadas a fazê-lo, receberam um grande destaque nos jornais da década de 1960. As RNAs fizeram um grande estardalhaço em meados dos anos 1980, e ainda continuam sendo saudadas regularmente pela mídia. O bochicho mais recente relacionado à RNA diz respeito à aprendizagem profunda.

As RNAs têm inúmeras aplicações, do investimento no mercado de ações e o monitoramento das flutuações cambiais ao reconhecimento de voz ou facial. Mas é *o modo como elas operam* que é tão intrigante.

Um punhado delas roda em hardware paralelo específico – ou até mesmo numa mistura de hardware/rede neural que combina neurônios de verdade com circuitos de silício. Porém, normalmente, a rede é simulada por uma máquina de von Neumann. Ou seja, as RNAs são máquinas virtuais de processamento paralelo implantadas em computadores clássicos (ver Capítulo 1).

Elas são intrigantes em parte por serem muito diferentes das máquinas virtuais da IA simbólica. As instruções sequenciais são substituídas pelo paralelismo maciço, o processamento de cima para baixo pelo processamento de baixo para cima, e a lógica pela probabilidade. E os aspectos dinâmicos e em constante transformação das RNAs contrastam claramente com os programas simbólicos.

Além disso, muitas redes têm a estranha peculiaridade de se auto-organizarem a partir de um começo aleatório. (Os perceptrons dos anos 1960 também tinham essa peculiaridade: daí sua grande visibilidade na mídia.) O sistema começa com uma arquitetura aleatória (relevâncias e conexões aleatórias), e se adapta gradualmente para realizar a tarefa exigida.

As redes neurais dispõem de muitos recursos, e acrescentaram importantes competências computacionais à IA. No entanto, elas também possuem pontos fracos, o que as impede de produzir a verdadeira IA *geral* imaginada no Capítulo 2. Por exemplo, embora algumas RNAs consigam realizar inferências ou raciocínios aproximados, elas são incapazes de representar a precisão tão bem como a IA simbólica. (*P: Quanto é 2 + 2? R: Muito provavelmente 4. É mesmo?*) Também é mais difícil de mostrar a hierarquia nas RNAs. Algumas redes (*recorrentes*) conseguem utilizar redes interativas para representar a hierarquia – mas somente até um grau limitado.

Graças ao entusiasmo atual pela aprendizagem profunda, redes de redes são menos raras agora do que eram antes. No entanto, elas ainda são relativamente simples, e o cérebro humano abrange, necessariamente, inúmeras redes em níveis muito diferentes que interagem de formas extremamente complexas. Resumindo: a AGI ainda está muito longe.

## As consequências mais amplas das RNAs

As RNAs representam uma vitória da IA enquanto ciência da computação. Mas suas consequências teóricas vão muito além. Devido a algumas semelhanças gerais com os conceitos e a memória do ser humano, as RNAs interessam a neurocientistas, psicólogos e filósofos.

O interesse da neurociência não vem de hoje. Na verdade, Rosenblatt não pretendeu que os perceptrons inovadores dessem origem a engenhocas úteis do ponto de vista prático, mas que fossem uma *teoria neuropsicológica*. As atuais redes – apesar de suas inúmeras diferenças em relação ao cérebro – são importantes para a neurociência computacional.

Os psicólogos também demonstram interesse pelas RNAs – e os filósofos não ficam muito atrás. Um exemplo de meados da década de 1980 causou furor muito além dos quadros profissionais da IA. Aparentemente, uma rede aprendeu a usar o tempo passado como as crianças fazem, começando sem cometer erros, mas depois exagerando o uso do passado regular – de modo que *go/went* deu lugar a *go/goed* – antes de fazer o emprego correto tanto dos verbos regulares como dos irregulares. Isso foi possível porque o input que lhe foi dado refletia as probabilidades variáveis das palavras normalmente ouvidas por uma criança: a rede *não estava* aplicando regras gramaticais inatas.

Isso era importante porque, à época, a maioria dos psicólogos (e muitos filósofos) tinha aceitado as afirmações de Noam Chomsky de que as crianças *têm de* contar com regras linguísticas inatas para aprender gramática, e que as regularizações exageradas feitas por elas era uma prova irrefutável de que essas regras estavam sendo aplicadas. A rede do tempo passado demonstrou que nenhuma dessas afirmações é verdadeira. (Ela não demonstrou, é claro, que as crianças não têm regras inatas – simplesmente que elas não precisam tê-las.)

Outro exemplo muito interessante, inspirado originalmente na psicologia do desenvolvimento, é a pesquisa acerca das "trajetórias representacionais". Nesse caso (assim como no caso da aprendizagem profunda), os dados de entrada que inicialmente são confusos são recodificados em níveis sucessivos, de modo que, além das regularidades mais proeminentes, as menos óbvias também sejam captadas. Isso diz respeito não apenas ao desenvolvimento infantil, mas também aos debates psicológicos e filosóficos acerca da aprendizagem indutiva, pois demonstra que são necessárias expectativas prévias (estrutura computacional) para descobrir padrões nos dados de entrada, e que existem restrições inevitáveis na ordem em que os diferentes padrões são aprendidos.

Em suma: essa metodologia de IA é, em muitos aspectos, teoricamente interessante, além de ser extremamente importante do ponto de vista comercial.

## Processamento paralelo distribuído

Uma categoria de RNA, em particular, atrai uma enorme atenção: a que produz PDP (do inglês Parallel distributed processing). Na verdade, quando as pessoas se referem a "redes neurais" ou "conexionismo" (um termo menos empregado atualmente), elas geralmente querem dizer PDP.

Devido ao modo como trabalham, as redes de PDP compartilham quatro habilidades importantes, que dizem respeito tanto às aplicações tecnológicas como à psicologia teórica (e também à filosofia da mente).

A primeira é a capacidade de descobrir padrões, e associações entre padrões, ao serem apresentadas a exemplos em vez de serem explicitamente programadas.

A segunda é a tolerância às evidências "confusas". Elas podem gerar *satisfação de restrições*, compreendendo evidências parcialmente conflitantes. Elas não exigem definições rigorosas, representadas por meio de listas de condições necessárias e suficientes. Pelo contrário: lidam com conjuntos sobrepostos de imagens familiares – uma característica, também, dos conceitos humanos.

Outra habilidade é a capacidade de identificar padrões incompletos e/ou parcialmente defeituosos. Ou seja, elas têm uma *memória de conteúdo endereçável*. As pessoas fazem o mesmo: basta pensar na identificação de uma melodia a partir das primeiras notas ou interpretada com muitos erros.

E, em quarto lugar, elas são resistentes. Uma rede de PDP com alguns nódulos a menos não emite um monte de bobagens nem para. Ela mostra uma *degradação elegante*, na qual o desempenho piora gradualmente à medida que a avaria aumenta. Portanto, elas não são irritadiças como os programas simbólicos.

Essas vantagens resultam do D em PDP. Nem todas as RNAs contêm processamento distribuído. Em redes *locais*, como WordNet (ver Capítulo 2), os conceitos são representados por nódulos isolados. Nas redes *distribuídas*, os conceitos são armazenados em (distribuídos por) todo o sistema. Às vezes os processamentos local e distribuído estão associados, mas isso é raro. Redes totalmente locais também são raras, porque lhes faltam as importantes habilidades do PDP.

Poderíamos dizer que as redes distribuídas são locais *na base*, pois cada unidade corresponde a uma única microcaracterística – por exemplo, uma mancha minúscula de tinta em um lugar específico do campo de visão. Mas elas são definidas num nível muito inferior que o dos conceitos: o PDP implica computação "subsimbólica". Além disso, como cada unidade pode fazer parte de muitos padrões globais diferentes, ela contribui com muitos "significados" diferentes.

Existem muitos tipos de sistemas de PDP. Todos eles são compostos de três ou mais camadas de unidades interconectadas, sendo que cada uma das unidades é capaz de computar apenas uma única coisa. Mas as unidades são diferentes.

Uma unidade da camada de input de dados é acionada sempre que a sua microcaracterística é apresentada à rede. Uma unidade da saída de dados é acionada quando provocada pelas unidades conectadas a ela, e a sua atividade é comunicada ao usuário humano. As unidades ocultas na(s) camada(s) do meio não têm contato direto com o mundo exterior. Algumas são *deterministas*: elas são acionadas, ou não, dependendo apenas das influências das suas conexões. Outras são *estocásticas*: o fato de elas serem acionadas ou não depende, em parte, de uma distribuição probabilística.

As conexões também são diferentes. Algumas são *feedforward*, transmitindo sinais de uma camada inferior para uma camada superior. Algumas enviam sinais de *feedback* na direção oposta. Algumas são *laterais*, ligando unidades dentro da mesma camada. E algumas, como veremos, são tanto *feedforward* como *feedback*. Como as sinapses cerebrais, as conexões são excitatórias ou inibitórias, além de variar em força ou *peso*. Os pesos são expressos como números entre +1 e −1. Quanto maior o peso de uma ligação excitatória (ou inibitória), maior (ou menor) a probabilidade de que a unidade que recebe o sinal seja acionada.

O PDP implica representação *distribuída*, pois cada conceito é representado pelo estado da rede inteira, o que pode parecer enigmático, e até mesmo paradoxal. Certamente é muito diferente do modo como as representações são definidas na IA simbólica.

As pessoas interessadas apenas nas aplicações tecnológicas/comerciais não se importam com isso. Se estão satisfeitas com o fato de que algumas perguntas óbvias – por exemplo, como uma única rede é capaz de armazenar diversos conceitos ou padrões diferentes – não são problemáticas na prática, elas não ligam em deixar as coisas como estão.

As pessoas preocupadas com as consequências psicológicas e filosóficas da IA também fazem essa "pergunta óbvia". A resposta é que os possíveis estados globais de uma rede de PDP são tão variados que apenas alguns poucos vão acarretar a ativação simultânea *desta* ou *daquela* dispersão de unidades. Uma unidade ativada vai espalhar a ativação somente para *algumas* outras unidades. No entanto, essas "outras unidades" variam: qualquer unidade determinada pode contribuir com inúmeros padrões diferentes de ativação. (Em geral, representações "esparsas", com muitas unidades desativadas, são mais eficientes.) O sistema ficará, por fim, saturado: as pesquisas teóricas sobre memórias associativas querem saber quantos padrões podem, em princípio, ser armazenados por redes de um determinado tamanho.

Mas aqueles que estão envolvidos com os aspectos psicológicos e filosóficos não se contentam em deixar as coisas como estão. Eles também estão interessados no conceito de *representação* em si e nas discussões para saber se a mente/o cérebro humano contém realmente representações internas. Os fãs do PDP argumentam, por exemplo, que essa abordagem contradiz a hipótese do sistema de símbolo físico, que teve origem na IA simbólica e que se espalhou rapidamente para a filosofia da mente (ver Capítulo 6).

## Aprendizagem nas redes neurais

A maioria das RNAs é capaz de aprender. Isso implica realizar mudanças adaptativas nos pesos e, às vezes, também nas conexões. Geralmente, a anatomia da rede – o número de unidades e as conexões entre elas – é fixo. Sendo assim, a aprendizagem só modifica os pesos. Às vezes, porém, a aprendizagem – ou a evolução (ver Capítulo 5) – pode acrescentar novas conexões e suprimir as antigas. Redes *construtivas* levam isso ao extremo: começando com nenhuma unidade oculta, elas as acrescentam à medida que a aprendizagem avança.

As redes de PDP podem aprender de diversas maneiras – e dar exemplos de todos os tipos diferenciados no Capítulo 2: aprendizagem supervisionada, não supervisionada e de reforço.

Na aprendizagem supervisionada, elas identificam uma categoria ao lhe serem apresentados vários exemplos dela – nenhum deles precisa possuir *todas* as características "típicas". (Os dados de entrada podem ser imagens visuais, descrições verbais, conjuntos de números...) Quando um exemplo é apresentado, algumas unidades de entrada reagem a "suas" microcaracterísticas, e ativações se espalham até a rede se estabilizar.

O estado resultante das unidades de saída é comparado então com a saída desejada (identificada pelo usuário humano), e outras mudanças de peso são estimuladas (talvez por *retropropagação*) de modo a tornar esses erros menos prováveis. Depois de vários exemplos, que se diferenciam levemente um do outro, a rede terá desenvolvido um padrão de ativação que corresponde ao caso típico, ou "protótipo", mesmo que nenhum caso semelhante tenha sido realmente encontrado. (Se um exemplo defeituoso for então apresentado, estimulando um número muito menor de unidades de entrada relevantes, esse padrão será aperfeiçoado automaticamente.)

A maior parte da aprendizagem da RNA é baseada na regra *células que disparam juntas permanecem conectadas*, formulada nos anos 1940 pelo neuropsicólogo Donald Hebb. A aprendizagem hebbiana fortalece as conexões que são utilizadas com frequência. Quando duas unidades conectadas são ativadas simultaneamente, os pesos são ajustados para tornar isso mais provável no futuro.

Hebb representou essa regra de duas maneiras, que não eram nem precisas nem equivalentes. Atualmente, os pesquisadores de IA a definem de diferentes maneiras, baseados possivelmente em equações diferenciais extraídas da física ou da teoria da probabilidade bayesiana. Eles utilizam a análise teórica para comparar, e aperfeiçoar, as diferentes versões. Portanto, a pesquisa de PDP pode ser extremamente matemática.

Considerando que uma rede PDP está utilizando uma regra de aprendizagem hebbiana para adaptar seus pesos, quando ela para? A resposta não é *Quando ela tiver alcançado a perfeição (com a eliminação de todas as inconsistências)*, e sim *Quando ela tiver alcançado a coerência máxima*.

Acontece uma "inconsistência" quando, por exemplo, duas microcaracterísticas que normalmente não estão presentes juntas são assinaladas simultaneamente pelas unidades relevantes. Muitos programas de IA simbólica podem produzir satisfação de restrição, abordando a solução por meio da eliminação de contradições entre evidências durante o processo. Mas eles não toleram que inconsistências façam parte da solução. Os sistemas PDP são diferentes. Tal como os recursos de PDP especificados anteriormente, eles conseguem ter um bom desempenho mesmo que as discrepâncias continuem existindo. Sua "solução" é o estado geral da rede quando as inconsistências tiverem sido minimizadas, não abolidas.

Uma maneira de alcançar isso é tomar emprestada a ideia de *equilíbrio* da termodinâmica. Na física, os níveis de energia são expressos numericamente, tal como os pesos no PDP. Se a regra de aprendizado corresponder às leis da física (e se as unidades ocultas forem estocásticas), as mesmas equações estatísticas de Boltzmann podem descrever as transformações em ambos os casos.

O PDP pode até adotar o método utilizado para esfriar metais rápida e uniformemente. O recozimento tem início com uma temperatura elevada e vai esfriando gradualmente. Os pesquisadores de PDP utilizam às vezes o *recozimento simulado*, no qual as mudanças de peso nos primeiros ciclos de equilíbrio são muito maiores que as dos últimos ciclos. Isso permite que a rede evite situações ("mínimos locais") em que a consistência geral foi alcançada com relação ao que acontecia antes, mas uma consistência ainda maior (e um equilíbrio mais estável) poderia ser alcançada se o sistema fosse perturbado. Compare com o gesto de sacudir uma sacola de bolas de gude para remover aquelas que estiverem apoiadas numa saliência interna: deve-se começar sacudindo vigorosamente, mas terminar com movimentos delicados.

Um jeito mais rápido, e mais utilizado, de alcançar consistência máxima é usando a retropropagação. Porém, seja qual for a regra de aprendizagem empregada – entre as inúmeras existentes –, o estado *de toda a rede* (e especialmente das unidades de saída) em equilíbrio é considerado como sendo a representação do conceito em questão.

### A retropropagação e a mente – e a aprendizagem profunda

Os apaixonados pelo PDP afirmam que as suas redes são mais biologicamente realísticas do que a IA simbólica. É verdade que o PDP é influenciado pela mente, e que alguns neurocientistas o utilizam para modelar o funcionamento neural. No entanto, as RNAs são muito diferentes daquilo que existe dentro da nossa cabeça.

Uma diferença entre as RNAs (a maioria delas) e o cérebro é a retropropagação, uma regra de aprendizagem – ou melhor, uma categoria geral de regras de aprendizagem – utilizada com frequência em PDP. Apresentada inicialmente por Paul Werbos em 1974, ela foi descrita de forma mais acessível por Geoffrey Hinton no início da década de 1980. Ela resolve o problema da *atribuição de crédito*.

Esse problema surge em todos os tipos de IA, especialmente quando o sistema muda constantemente. Considerando um sistema complexo de IA que seja eficaz, *exatamente quais partes dele são mais responsáveis pela eficácia?* Na IA evolutiva, o crédito geralmente é atribuído pelo algoritmo *bucket-brigade* (ver Capítulo 5). Nos sistemas de PDP com unidades deterministas (não estocásticas), o crédito geralmente é atribuído pela retropropagação.

O algoritmo da retropropagação localiza a responsabilidade retroativamente, da camada de saída até as camadas ocultas, identificando as unidades individuais que precisam ser adaptadas. (Os pesos são atualizados para minimizar os erros de previsão.) O algoritmo precisa conhecer o estado preciso da camada de saída quando a rede dá a resposta correta. (Portanto, a retropropagação é uma aprendizagem supervisionada.) São feitas comparações unidade por unidade entre essa saída exemplar e a saída realmente obtida da rede. Qualquer diferença entre a atividade da unidade de saída nos dois casos é considerada um erro.

O algoritmo supõe que o erro em uma unidade de saída se deve a erro(s) nas unidades conectadas a ela. Trabalhando de trás para a frente através do sistema, ele atribui uma quantidade específica de erro a cada unidade da primeira camada oculta, dependendo do peso da conexão entre ela e a unidade de saída. A responsabilidade é compartilhada entre todas as unidades ocultas conectadas à unidade de saída equivocada (se uma unidade estiver ligada a várias unidades de saída, suas minirresponsabilidades serão somadas). Mudanças proporcionais de peso são então realizadas nas conexões entre a camada oculta e a camada *precedente*.

Essa camada pode ser outro (e mais outro...) estrato de unidades ocultas. Mas, por fim, ela será a camada de entrada, e as mudanças de peso cessarão. Esse processo é repetido até que as discrepâncias na camada de saída sejam minimizadas.

Durante muitos anos, a retropropagação era usada apenas em redes com uma camada oculta. Redes multicamadas eram raras: elas são difíceis de analisar e até mesmo de ser objeto de experiência. Ultimamente, porém, elas têm provocado um enorme entusiasmo – e certa publicidade irresponsável – em razão do advento da aprendizagem profunda. Nesse caso, o sistema descobre o alcance estrutural nas profundezas de um domínio, ao contrário de padrões meramente superficiais. Em outras palavras, ele descobre uma representação do conhecimento com muitas camadas, não com uma única camada.

A aprendizagem profunda é empolgante porque ela promete habilitar as RNAs a, finalmente, lidarem com a hierarquia. Desde o início da década de 1980, conexionistas como Hinton e Jeff Elman têm se esforçado em representar a hierarquia, combinando representação local/distribuída ou limitando as redes recorrentes. (Na verdade, as redes recorrentes agem como uma *sequência* de etapas distintas. Versões mais recentes que utilizam aprendizagem profunda às vezes conseguem prever a palavra seguinte em uma frase, ou até o "pensamento" seguinte em um parágrafo.) Mas elas têm uma eficácia limitada (e as RNAs ainda não são adequadas para representar hierarquias ou raciocínios dedutivos descritos com precisão).

A aprendizagem profunda também teve origem na década de 1980 (com Jurgen Schmidhuber). Mas esse campo de ação ampliou-se muito mais ultimamente, quando Hinton criou um método eficiente que permite que as redes multicamadas descubram conexões em muitos níveis. Seus sistemas de aprendizagem profunda são compostos de máquinas Boltzmann "restritas" (sem conexões laterais) a meia dúzia de camadas. Primeiro as camadas executam o aprendizado não supervisionado. Elas são treinadas uma de cada vez, utilizando recozimento simulado. A saída de uma camada é usada como a entrada da seguinte. Quando a última camada se estabiliza, todo o sistema está perfeitamente ajustado por meio da retropropagação, estendendo-se para baixo através de todos os níveis para atribuir crédito de forma adequada.

Essa abordagem da aprendizagem é interessante para os neurocientistas cognitivos, e também para os tecnólogos de IA. Isso porque ela descreve "modelos generativos" que aprendem a prever as causas (mais prováveis) dos inputs na rede, criando assim um modelo daquilo que Helmholtz chamou em 1867 de "percepção como inferência inconsciente". Ou seja, percepção não é receber passivamente inputs dos órgãos sensoriais.

Ela implica interpretação ativa, e até mesmo previsão, daquele input. Em suma: o olho/cérebro não é uma câmera.

Hinton entrou no Google em 2013, portanto, a retropropagação vai ter muito trabalho pela frente. O Google já está utilizando aprendizagem profunda em muitos aplicativos, entre os quais o de reconhecimento de voz e de processamento de imagem. Além disso, em 2014, a empresa adquiriu o DeepMind, cujo algoritmo DQN tornou-se mestre nos clássicos videogames Atari, combinando aprendizagem profunda com aprendizagem de reforço, e cujo programa AlphaGo derrotou o campeão do mundo de go em 2016 (ver Capítulo 2). A IBM também privilegia a aprendizagem profunda: Watson a utiliza, e ela está sendo adotada por muitos aplicativos especializados (ver Capítulo 3).

No entanto, embora a aprendizagem profunda seja indiscutivelmente útil, isso não significa que ela seja compreendida. Um grande número de regras de aprendizado multicamadas está sendo explorado de maneira experimental, mas a análise teórica é confusa.

Dentre as inúmeras perguntas sem resposta, esta é uma delas: existe uma profundidade suficiente para um desempenho semi-humano? (A unidade especializada em rosto de gatos mencionada no Capítulo 2 resultou de um sistema com nove camadas.) O sistema visual humano, por exemplo, possui sete níveis anatômicos: mas quantos mais são acrescentados pelas operações no córtex cerebral? Uma vez que as RNAs são influenciadas pelo cérebro (um aspecto constantemente ressaltado nos exageros em torno da aprendizagem profunda), essa pergunta é natural. Mas não é tão pertinente como pode parecer.

A retropropagação é uma vitória computacional. Mas ela é extremamente não biológica. Nenhuma "célula avó" de rosto de gato no cérebro (ver Capítulo 2) poderia resultar de processos exatamente iguais aos da aprendizagem profunda. As sinapses de verdade são unicamente feedforward: elas não transmitem em ambas as direções. O cérebro contém *conexões* feedback em várias direções, mas cada uma delas é rigorosamente de mão única. Esta é apenas uma das muitas diferenças entre as redes neurais reais e as artificiais. (Outra é que as redes cerebrais não são organizadas em hierarquias rígidas – embora o sistema visual geralmente seja descrito dessa maneira.)

O fato de o cérebro conter conexões tanto para a frente como para trás é decisivo para os modelos de *codificação preditiva* do controle sensório-motor, que estão deixando o campo da neurociência em polvorosa. (Eles também são baseados, em grande medida, nas pesquisas de Hinton.) Níveis neurais superiores enviam mensagens para baixo prevendo os sinais de entrada vindos dos sensores, e somente as mensagens de "erro" não previstas são mandadas para cima. A repetição desse tipo de ciclo apura as redes de previsão, fazendo que elas aprendam aos poucos o que esperar. Pesquisadores fazem menção à "mente bayesiana", porque as previsões podem ser interpretadas em termos de – e nos modelos computacionais são realmente baseadas em – estatística bayesiana (ver Capítulo 2).

Comparadas ao cérebro, as RNAs são muito nítidas, muito simples, muito poucas e muito enxutas. Muito nítidas porque as redes criadas pelo ser humano priorizam a elegância e a capacidade matemáticas, ao passo que as mentes biologicamente evoluídas não. Muito simples porque um único neurônio – do qual existem cerca de trinta tipos diferentes – é tão complexo computacionalmente como um sistema inteiro de PDP, ou até mesmo um computador pequeno. Muito poucas porque mesmo RNAs com milhões de unidades são minúsculas comparadas à mente humana (ver Capítulo 7). E muito enxutas porque os pesquisadores de RNA geralmente ignoram não apenas fatores temporais como frequências e sincronias do disparo neural, mas também a biofísica das espinhas dendríticas, dos neuromoduladores, das correntes sinápticas e da passagem de íons.

Todas essas falhas estão sendo sanadas. O aumento da capacidade dos computadores está permitindo que as RNAs contenham um número muito maior de unidades. Estão sendo criados modelos de neurônios individuais extremamente mais detalhados, capazes de se concentrar nas funções computacionais de todos os fatores neurológicos recém-mencionados. O "enxugamento" até está diminuindo, tanto na prática como nas simulações (algumas pesquisas "neuromórficas" combinam neurônios vivos com chips de silício). E, assim como o algoritmo DQN simula processos no córtex visual e no hipocampo, certamente as futuras RNAs também tomarão emprestado outras funções da neurociência.

No entanto, é verdade que as RNAs são diferentes do cérebro de inúmeras maneiras importantes – algumas das quais nós ainda desconhecemos.

## O escândalo das redes

O entusiasmo com a chegada do PDP deveu-se em grande medida ao fato de que, vinte anos antes, tinha sido proclamado que as RNAs (também conhecidas como conexionismo) estavam num beco sem saída. Como foi mencionado no Capítulo 1, esse veredito surgiu numa crítica cruel feita nos anos 1960 por Marvin Minsky e Seymour Papert, ambos com excelente reputação na comunidade de IA. Na década de 1980, parecia que as RNAs não estavam apenas num beco sem saída, parecia que estavam mortas. Na verdade, a cibernética como um todo tinha sido marginalizada (ver Capítulo 1), e quase todos os investimentos em pesquisa tinham sido direcionados para a IA simbólica.

Algumas das primeiras RNAs tinham parecido extremamente promissoras. Os perceptrons auto-organizados de Rosenblatt – observados frequentemente por jornalistas fascinados – eram capazes de aprender a identificar padrões mesmo partindo de um estado aleatório. Ele tinha feito declarações extremamente pretensiosas, abrangendo toda a psicologia humana, em relação ao potencial da sua abordagem. É bem verdade que tinha chamado a atenção para algumas limitações. Mas a sua "prova de convergência" *garantia* que perceptrons simples podem aprender a fazer qualquer coisa que seja possível programá-los para fazer. Era uma afirmação forte.

No final dos anos 1960, porém, Minsky e Papert apresentaram suas próprias provas. Eles demonstraram matematicamente que perceptrons simples não podem fazer determinadas coisas que se esperaria, intuitivamente, que fossem capazes (e que a Gofai conseguia fazer sem dificuldade). Essas provas – como o teorema da convergência de Rosenblatt – diziam respeito apenas a redes de uma camada. Mas seu "raciocínio intuitivo" apontava que os sistemas de multicamadas seriam derrotados pela explosão combinatória. Em outras palavras, os perceptrons não aumentariam a sua abrangência.

A maioria dos cientistas de IA estava convencida de que o conexionismo nunca daria certo. Não obstante, alguns deles continuaram pesquisando a RNA. Na verdade, alguns progressos extremamente significativos foram feitos na análise da memória associativa (por Christopher Longuet-Higgins e David Willshaw e, posteriormente, por James Anderson, Teuvo Kohonen e John Hopfield). Mas esse trabalho ficou escondido nos bastidores. Os grupos em questão não se identificaram como pesquisadores "de IA", e foram ignorados, em grande medida, por aqueles que o fizeram.

A chegada do PDP pôs fim a esse ceticismo. Além de alguns modelos funcionais impressionantes (como o do aprendiz do pretérito verbal), havia dois novos teoremas da convergência: um que garantia que um sistema de PDP baseado nas equações de termodinâmica de Boltzmann alcançará o equilíbrio (embora possivelmente depois de um período *muito* longo); e o outro que demonstrava que uma rede com três camadas pode, em princípio, resolver qualquer problema que lhe for apresentado. (*Atenção*: tal como acontece com a IA simbólica, representar um problema de uma forma que possa alimentar o computador é, muitas vezes, a parte mais difícil do exercício.) O resultado, obviamente, foi uma onda de entusiasmo. O consenso no interior da corrente principal da IA foi abalado.

A IA simbólica pressupunha que o raciocínio intuitivo simples é exatamente igual à inferência consciente, mas sem a consciência. Agora, os pesquisadores de PDP estavam dizendo que se tratava de tipos de raciocínio fundamentalmente diferentes. Todos os líderes do movimento do PDP (David Rumelhart, Jay McClelland, Donald Norman e Hinton) indicaram que *ambos* os tipos eram essenciais para a psicologia humana. Mas a propaganda do PDP – e a reação do público a ela – sugeria que a IA simbólica, considerada como o estudo da mente, era uma perda de tempo. A maré tinha virado de fato e para valer.

Principal financiador da IA, o Departamento de Defesa estadunidense deu uma guinada de 180 graus depois de uma reunião de emergência em 1988, admitindo que a sua desatenção prévia em relação às RNAs tinha sido "injusta". Assim sendo, as pesquisas de PDP receberam um caminhão de dinheiro.

Minsky e Papert, por sua vez, se mantiveram irredutíveis. Na segunda edição do livro de sua autoria contrário à RNA, eles admitiram que "o futuro do aprendizado de máquina baseado em rede [é] de uma riqueza inimaginável". Não obstante, insistiram que a inteligência de alto nível não pode surgir da aleatoriedade pura, nem de um sistema inteiramente não sequencial. Portanto, o cérebro às vezes precisa agir como um processador serial, e a IA em nível humano terá de utilizar sistemas híbridos. Eles afirmaram que a sua crítica não era o único fator que tinha levado as RNAs a ficarem relegadas ao ostracismo durante anos: para começo de conversa, a capacidade dos computadores tinha sido insuficiente. E negaram que tivessem tentado desviar os recursos de pesquisa para a IA simbólica. Em suas próprias palavras: "Não pensamos em nosso trabalho como uma tentativa de matar a Branca de Neve; para nós, era uma forma de compreendê-la".

Embora os argumentos científicos fossem respeitáveis, a crítica inicial tinha sido extremamente cáustica. (O rascunho era ainda mais maldoso: colegas próximos os convenceram a baixar o tom e a dar mais destaque aos aspectos científicos.) Não surpreende que ela tenha suscitado comoção. Os perseverantes admiradores da RNA se ofenderam profundamente com a sua recém-descoberta invisibilidade cultural. O furor provocada pelo PDP foi ainda maior. A "morte" e o renascimento das RNAs envolviam ciúme, rancor, autoexaltação e um exultante sentimento de desforra: *"Nós bem que avisamos!".*

Esse episódio foi um excelente exemplo de escândalo científico – e não foi o único a surgir na IA. Discordâncias teóricas se confundiram com emoções e rivalidades pessoais, e as opiniões desinteressadas foram raras. Insultos cruéis vieram à tona e chegaram à imprensa também. A IA não é um assunto isento de paixões.

## As conexões não são tudo

Muitos relatos acerca das RNAs sugerem que a única coisa importante na rede neural é a sua anatomia. *Quais* unidades estão ligadas a *quais outras* e *quão potentes* são os pesos? Não há dúvida de que essas perguntas são cruciais. No entanto, descobertas recentes da neurociência demonstraram que os circuitos biológicos podem *alterar* às vezes a sua função computacional (não simplesmente torná-la mais ou menos provável), devido à propagação de elementos químicos no cérebro.

O óxido nítrico (NO), por exemplo, se propaga em todas as direções, e seus efeitos – que dependem da concentração em pontos relevantes – duram até ele se decompor. (A velocidade de decomposição pode variar devido à ação de enzimas. Portanto, o NO atua em todas as células dentro de um determinado volume do córtex, *estejam elas sinapticamente conectadas ou não*. A dinâmica funcional dos sistemas neurais em questão é muito diferente das RNAs "puras", pois a sinalização de volume substitui a sinalização ponto a ponto. Efeitos análogos foram constatados em relação ao monóxido de carbono e ao sulfeto de hidrogênio, e em relação a moléculas complexas como a serotonina e a dopamina.

"Chega de RNA!", diria um cético da IA. "Não existe química dentro do computador!" "Portanto", ele acrescentaria, "a

IA não é capaz de modelar estados de espírito ou emoções, pois eles dependem de hormônios e neuromoduladores." Essa mesma objeção foi formulada pelo psicólogo Ulric Neisser no início dos anos 1960 e, alguns anos depois, pelo filósofo John Haugeland em sua influente crítica do "cognitivismo". A IA pode modelar o raciocínio, diziam eles, mas nunca o afeto.

No entanto, essas descobertas neurocientíficas inspiraram alguns pesquisadores de IA a projetar um tipo completamente novo de RNA, no qual a ligação *não é* tudo. Na GasNet, alguns nódulos espalhados pela rede podem liberar "gases" falsos. Eles são dispersáveis, e regulam as propriedades intrínsecas de outros nódulos e conexões de diversas maneiras, dependendo da concentração. O tamanho da dispersão é importante, assim como o formato da fonte (moldada como uma esfera oca, não como uma fonte de radiação). Portanto, um determinado nódulo se comporta de maneira diferente em momentos diferentes. Em determinadas condições gasosas, um nódulo afeta outro, apesar de não haver uma ligação direta. É a *interação* entre o gás e as conectividades no interior do sistema que são cruciais. Além disso, como o gás só é emitido em determinadas ocasiões, e se propaga e se decompõe em velocidades variadas, a interação é dinamicamente complexa.

A tecnologia da GasNet foi utilizada, por exemplo, para desenvolver "cérebros" para robôs autônomos. Os pesquisadores descobriram que um comportamento específico pode envolver duas sub-redes *não conectadas*, que trabalhavam juntas por causa dos efeitos modulatórios. Eles também descobriram que um "detector de direção" capaz de usar um triângulo de papelão como auxiliar de navegação poderia evoluir sob a forma de sub-redes parcialmente *não conectadas*. Eles tinham desenvolvido anteriormente uma rede totalmente conectada para fazer isso (ver Capítulo 5), mas a versão neuromoduladora evoluiu mais rapidamente e foi mais eficaz.

Por isso, alguns pesquisadores de RNA deixaram de levar em conta apenas a anatomia (conexões) e passaram a aceitar também a neuroquímica. Diferentes regras de aprendizagem e suas interações temporais agora podem ser simuladas considerando a neuromodulação.

A neuromodulação é um fenômeno analógico, não digital. As concentrações de moléculas dispersas que variam ininterruptamente são importantes. Cada vez mais os pesquisadores de IA (utilizando chips VLSI especiais) estão projetando redes que combinam funções analógicas e digitais. As características analógicas são moldadas na anatomia e na fisiologia dos neurônios biológicos, incluindo a passagem de íons através da membrana celular. Essa computação "neuromórfica" está sendo utilizada, por exemplo, para simular aspectos da percepção e do controle motor. Alguns cientistas de IA planejam utilizar computação neuromórfica dentro da modelagem do "cérebro total" [*whole-brain modelling*] (ver Capítulo 7).

Outros vão ainda mais longe: em vez de modelar RNAs inteiramente *em computador*, eles constroem (ou desenvolvem – ver Capítulo 5) redes compostas de eletrodos em miniatura e neurônios de verdade. Por exemplo: quando os eletrodos X e Y são estimulados artificialmente, a atividade resultante na rede "wet" [orgânica] provoca o disparo de outro eletrodo, Z, implementando assim uma porta lógica [*and-gate*]. Esse tipo de computação (imaginado por Donald Mackay nos anos 1940) ainda está engatinhando, mas é potencialmente estimulante.

## Sistemas híbridos

É compreensível que as redes analógicas/digitais e de hardware/wetware mencionadas há pouco sejam descritas como sistemas "híbridos". Mas esse termo é usado normalmente para nos referirmos a programas de IA que abrangem tanto o processamento simbólico como o processamento conexionista da informação.

Em seu manifesto de 1956, Minsky afirmou que esses programas provavelmente seriam necessários, e, no início, alguns programas combinaram, de fato, processamentos sequencial e paralelo. Mas essas tentativas foram raras. Como vimos, Minsky continuou recomendando híbridos de programa simbólico/RNA depois do advento do PDP. No entanto, esses sistemas não surgiram logo depois, (embora Hinton tivesse construído redes que combinavam conexionismo local e distribuído, para representar hierarquias parciais/completas como as árvores genealógicas.

Na verdade, a integração do processamento simbólico com o de rede neural ainda é rara. As duas metodologias, lógica e probabilística, são tão diferentes que a maioria dos pesquisadores se especializou apenas em uma.

No entanto, foram desenvolvidos alguns sistemas genuinamente híbridos nos quais, se necessário, o controle circula entre módulos simbólicos e de PDP. Portanto, o modelo se baseia nas forças complementares das duas abordagens.

Entre os exemplos temos os algoritmos do videogame Atari, desenvolvidos pelo DeepMind (ver Capítulo 2). Eles combinam aprendizagem profunda com Gofai para aprender a jogar uma série visualmente variada de jogos de computador. Utilizam aprendizagem de reforço: não é fornecida nenhuma regra, somente os pixels de entrada e os resultados numéricos em cada fase. Muitas regras/planos são analisados simultaneamente, e o mais promissor decide a ação seguinte. (Futuras versões vão se concentrar em jogos em 3D, como Minecraft, e em aplicativos como carros sem motorista.)

Outros exemplos são os sistemas ACT-R* de mente total, Clarion (ver Capítulo 2) e Lida (ver Capítulo 6). Eles estão profundamente impregnados de psicologia cognitiva, tendo sido desenvolvidos com objetivos científicos, não tecnológicos.

Alguns modelos híbridos também levam em conta aspectos neurológicos específicos. Por exemplo: o neurologista Timothy Shallice e Norman, pioneiro do PDP, publicaram uma teoria híbrida sobre ações familiares ("muito treinadas"), que foi posteriormente implementada. A teoria explica alguns equívocos comuns. Por exemplo: vítimas de derrame cerebral esquecem que têm de pôr a carta dentro do envelope antes de fechá-lo; ou podem ir para a cama ao subirem ao andar de cima para trocar de roupa; ou pegam a chaleira em vez do bule de chá. Equívocos similares – de *substituição* de *sequência*, de *apreensão* e de *objeto* – acontecem ocasionalmente com todos nós.

Mas por quê? E por que pacientes com lesões cerebrais estão especialmente predispostos a eles? A teoria computacional de Shallice afirma que as ações familiares são geradas por dois tipos de controle, que podem falhar ou funcionar em circunstâncias específicas. Um deles, o "administrador de conflitos" [*contention scheduling*], é automático. Ele inclui a competição (inconsciente) entre diversos esquemas de ação hierarquicamente organizados. O controle vai para aquele cuja ativação excedeu um determinado patamar. O outro mecanismo de controle ("executivo") é consciente. Ele contém a supervisão e a modulação deliberativas do primeiro mecanismo – incluindo o planejamento e a correção de equívocos. Para Shallice, o administrador de conflitos é moldado pelo PDP, e o controle executivo, pela IA simbólica.

O nível de ativação de um esquema de ação pode ser elevado por input perceptivo. Por exemplo: ao chegar no quarto, um olhar de relance (padrão de reconhecimento) descuidado da cama pode desencadear o esquema de ação de se deitar nela, muito embora a intenção original (plano) fosse trocar de roupa.

No início, a teoria da ação de Shallice utilizou ideias da IA (particularmente os modelos de planejamento) que evocavam sua própria experiência clínica. Ela foi confirmada posteriormente por provas extraídas de tomografias do cérebro. Além disso, a neurociência descobriu recentemente que existem outros fatores envolvidos na ação humana, entre os quais os neurotransmissores. Eles agora estão representados nos atuais modelos computacionais baseados na teoria.

As interações entre o administrador de conflitos e o controle executivo também são relevantes para a robótica. Um agente que siga um plano deve ser capaz de interrompê-lo ou de modificá-lo, dependendo do que observar no ambiente. Essa estratégia é típica dos robôs que combinam processamento *situado* e processamento *deliberativo* (ver Capítulo 5).

Qualquer um que esteja interessado em AGI deve observar que os poucos cientistas de IA que refletiram seriamente sobre a arquitetura computacional *da mente como um todo* aceitam o hibridismo sem restrições. Entre eles estão Allen Newell e Anderson (cujos Soar e ACT* foram examinados no Capítulo 2), Stan Franklin (cujo modelo de consciência Lida está resumido no Capítulo 6), Minsky (com a "teoria da sociedade da mente") e Aaron Sloman (cuja simulação da ansiedade é relatada no Capítulo 3).

Em suma, as máquinas virtuais implantadas no nosso cérebro são sequenciais e paralelas. A mente humana exige uma cooperação sutil entre elas. E, se um dia for alcançada, a AGI de nível humano também exigirá o mesmo.

# Capítulo 5
## Os robôs e a vida artificial

A vida artificial se baseia em sistemas biológicos. Assim como a IA em geral, ela tem objetivos tecnológicos e científicos. A vida artificial é parte essencial da IA, porque todas as informações de que dispomos se encontram nos organismos vivos. Na verdade, muitas pessoas acreditam que a mente *só* pode se originar da vida (ver Capítulo 6). Tecnólogos pragmáticos não se preocupam com esse assunto, mas, quando desenvolvem diferentes tipos de aplicações práticas, é à biologia que eles recorrem. Entre essas aplicações estão os robôs, a programação evolutiva e os dispositivos de auto-organização. Robôs são os exemplos por excelência da IA: eles têm uma grande visibilidade e são extremamente habilidosos – além de também serem um grande negócio. A IA evolutiva, embora amplamente utilizada, não é tão conhecida; e os mecanismos de auto-organização são ainda menos familiares (com exceção da aprendizagem não supervisionada – ver Capítulo 4). No entanto, na tentativa de compreender a auto-organização, a IA tem sido tão útil para a biologia como a biologia para a IA.

## Robôs situados e insetos interessantes

Os robôs são construídos há séculos – como os de Leonardo da Vinci, entre outros. As versões de IA surgiram nos anos 1950. No pós-guerra, as "tartarugas" de William Grey Walter maravilharam os observadores ao se desviar de obstáculos e encontrar a luz. E o principal objetivo do recém-criado Laboratório de IA do MIT era construir o "robô do MIT", que combinaria visão, planejamento, linguagem e controle motor computacionais.

Houve um enorme avanço desde então. Os robôs de hoje são capazes de escalar montes e paredes e subir escadas; conseguem correr com rapidez ou pular alto; e são capazes de transportar – e arremessar – cargas pesadas. Outros conseguem se desmontar e remontar, às vezes adotando uma nova forma – como uma minhoca (capaz de atravessar um tubo estreito), uma bola ou uma criatura com várias pernas (apropriada, respectivamente, para superfícies uniformes ou acidentadas). O que provocou esse avanço foi a troca da psicologia pela biologia.

Os robôs de IA tradicionais imitavam a ação humana voluntária. Baseando-se nas teorias de modelagem cerebral, utilizavam representações internas do mundo e das próprias ações do agente. Mas eles não impressionavam as pessoas. Como dependiam de planejamento abstrato, estavam sujeitos ao problema do frame (ver Capítulo 2). Não conseguiam reagir prontamente, porque até mesmo pequenas alterações ambientais exigiam planejamento prévio para reiniciar; nem conseguiam se adaptar a uma nova situação (não modelada). O movimento contínuo era difícil, até mesmo em superfícies planas e livres de obstáculos (daí o apelido que o robô SRI recebeu: Shakey [trôpego]), e os robôs que caíam não conseguiam se levantar. Eles eram inúteis na maioria dos prédios – que dirá em Marte.

Os robôs atuais são muito diferentes. O foco passou dos seres humanos para os insetos. Os insetos provavelmente não são inteligentes o bastante para modelar o mundo ou para planejar. No entanto, eles conseguem se virar. Seu comportamento – *comportamento*, não *ação* – é apropriado e adaptável. Porém, em vez de deliberado, ele é sobretudo reflexo. Eles reagem sem pensar à situação vigente, não a uma possibilidade imaginada ou a um objetivo final. Daí os rótulos de robótica "situada" ou "baseada no comportamento". (O comportamento situado não está restrito aos insetos: psicólogos sociais identificaram um grande número de comportamentos vinculados à situação nos seres humanos.)

Ao tentar conferir reflexos comparáveis às máquinas de IA, os roboticistas privilegiam a engenharia à programação. Se possível, os reflexos sensório-motores são incorporados fisicamente na anatomia do robô, não oferecidos como código de software.

Até onde a anatomia do robô deve se equiparar à anatomia dos organismos vivos é algo em aberto. Para fins tecnológicos, truques engenhosos são aceitáveis. Os robôs atuais incorporam muitos dispositivos irrealistas. Mas será que os mecanismos biológicos são particularmente eficazes? Não há dúvida de que eles são adequados. É por isso que os roboticistas também levam em conta os animais de verdade: o que eles conseguem fazer (incluindo suas diferentes estratégias de navegação), que sinais sensoriais e movimentos específicos estão envolvidos, e que mecanismos neurológicos são responsáveis. Os biólogos, por sua vez, utilizam a modelagem de IA para investigar esses mecanismos: esse campo de pesquisa é denominado *neuroetologia computacional*.

Um exemplo é a barata-robô da Randall Beer Cockroaches, com seis pernas multissegmentadas – característica que tanto pode ser vantajosa como desvantajosa. A locomoção hexapoda é mais estável que a bipedalidade (e mais útil, em geral, do que as rodas). Entretanto, parece mais difícil coordenar seis pernas que duas. Além de decidir qual perna deve ser movimentada em seguida, a criatura precisa encontrar o lugar, a força e o momento corretos. Além disso, como as pernas devem interagir? Elas têm de ser muito independentes, porque pode haver uma pedrinha perto de uma única perna. Porém, se essa perna for erguida mais alto, as outras precisam compensar para manter o equilíbrio.

Os robôs de Beer imitam os controles neuroanatômicos e sensório-motores das baratas de verdade. Eles conseguem subir escadas, caminhar em terreno irregular, passar por cima de obstáculos (em vez de simplesmente evitá-los) e retomar a postura inicial depois de uma queda.

A roboticista Barbara Webb estuda os grilos, não as baratas. Seu foco não está na locomoção (portanto, seus robôs podem usar rodas). Em vez disso, ela quer que seus robôs identifiquem e localizem um padrão sonoro específico e se aproximem dele. Obviamente, esse comportamento ("fonotaxia") pode ter muitas aplicações práticas.

O grilo-fêmea consegue fazer isso quando ouve a canção de um macho da mesma espécie. No entanto, o grilo só consegue reconhecer uma única canção, cantada numa única velocidade e frequência. A velocidade e a frequência variam de uma espécie de grilo para outra. Mas a fêmea não *escolhe entre* diferentes canções, pois ela não possui detectores que codifiquem uma faixa de sons. Ela utiliza um mecanismo que é sensível apenas a uma frequência. Não se trata de um mecanismo *neural*, como os detectores auditivos do cérebro humano; é um tubo de tamanho fixo no tórax, conectado aos ouvidos das pernas anteriores e aos espiráculos. O comprimento do tubo é rigorosamente proporcional ao comprimento da onda da canção do macho. A *física* assegura que os cancelamentos de fase (entre o ar do interior do tubo e o ar do lado de fora) ocorram apenas em relação às canções que tenham a frequência certa, e que a diferença de intensidade dependa inteiramente da direção da fonte do som. O grilo-fêmea é neuronalmente estruturado para se mover naquela direção: ele canta, ela vai. De fato, um comportamento situado.

Webb escolheu a fonotaxia do grilo porque ela tinha sido minuciosamente estudada por neuroetologistas. No entanto, havia muitas perguntas sem resposta: se (e como) a direção e o som das canções são processados de maneira independente; se a identificação e a localização dela são independentes; como o deslocamento da fêmea é desencadeado; e como o seu percurso ziguezagueante é controlado. Webb projetou o mecanismo mais simples possível (apenas quatro neurônios) capaz de gerar um comportamento semelhante. Posteriormente, seu modelo passou a utilizar mais neurônios (com base em dados detalhados da vida real); incluiu outras características neurais (latência, padrão de disparo e potencial de membrana, p. ex.); e combinou audição e visão. Seu trabalho elucidou um grande número de questões de neurociência, respondeu algumas e levantou outras, sendo, portanto, útil tanto para a biologia como para a robótica.

(Embora os robôs sejam objetos físicos, grande parte da pesquisa de robótica é feita por meio de simulações. Os robôs de Beer, por exemplo, às vezes são *transformados em software* antes de serem construídos. Do mesmo modo, os robôs de Webb são *projetados como programas* antes de serem testados no mundo real.)

Apesar da predileção que a robótica convencional tem pelos insetos, as pesquisas sobre robôs androides continuam. Alguns não passam de brinquedos. Outros são robôs "sociais" ou "para o acompanhamento pessoal", projetados para uso doméstico por pessoas idosas e/ou inválidas (ver Capítulo 3). Eles são pensados menos como escravos para trazer e levar coisas do que como assistentes pessoais autônomos. Alguns aparentam "simpatia", têm cílios longos e vozes sedutoras. Alguns são capazes de olhar nos olhos do usuário e reconhecer rostos e vozes. Eles também conseguem manter – até certo ponto – conversas improvisadas, interpretar o estado emocional do usuário e produzir, eles mesmos, respostas emocionais (expressões faciais e/ou padrões de discurso semelhantes aos dos humanos).

Embora alguns robôs sejam grandes (para manusear cargas pesadas e/ou atravessar terrenos irregulares), a maioria é pequena. Alguns – utilizados dentro das artérias sanguíneas, por exemplo – são muito pequenos. Muitas vezes eles são enviados para o trabalho em grandes quantidades. Sempre que vários robôs estão envolvidos em uma tarefa, surgem questões acerca de como eles se comunicam (se é que o fazem), e como isso permite que o grupo faça coisas que não poderiam ser feitas individualmente.

As respostas dos roboticistas geralmente levam em conta insetos sociais como formigas e abelhas. Essas espécies são exemplos de "cognição distribuída" (ver Capítulo 2), na qual o conhecimento (e a ação adequada) é difundido por todo o grupo, em vez de estar disponível para um animal específico.

Caso os robôs sejam extremamente simples, seus criadores podem falar em "inteligência de enxame", e analisar sistemas robóticos cooperativos como autômatos celulares (ACs). Um AC é um sistema de unidades individuais em que cada uma assume um dentre um número finito de estados obedecendo a regras simples, que dependem do estado atual de seus vizinhos. O padrão geral de comportamento de um AC pode ser surpreendentemente complexo. A analogia básica é com células vivas que cooperam com organismos multicelulares. Entre as diversas versões de IA estão os algoritmos de flocking utilizados para grupos de morcegos ou dinossauros nas animações de Hollywood.

Os conceitos de cognição distribuída e inteligência de enxame também se aplicam aos seres humanos. O segundo é utilizado quando o "conhecimento" em questão não é algo que qualquer participante possa ter individualmente (o comportamento geral de grandes multidões, p. ex.). O segundo é mais utilizado quando os participantes *poderiam*, individualmente, ter todo o conhecimento relevante, mas não o têm. Por exemplo: o antropólogo Edwin Hutchins demonstrou como o conhecimento da navegação é compartilhado entre todos os membros da tripulação de um navio – e também está incorporado em objetos físicos como mapas e (a localização das) mesas de navegação.

Pode parecer estranho, ou no máximo metafórico, falar que o conhecimento pode estar incorporado em objetos físicos. Hoje, porém, muitos afirmam que a mente humana está *literalmente* incorporada não apenas nas ações físicas das pessoas, mas também nos artefatos culturais do mundo exterior com os quais elas se envolvem. Essa teoria da "mente externa/incorporada" baseia-se em parte nas pesquisas realizadas pelo líder da mudança de humanos para insetos na robótica: Rodney Brooks, do MIT.

Atualmente, Brooks é o principal programador de robôs para os militares americanos. Nos anos 1980, era um roboticista novato, decepcionado com a impraticabilidade das agendas da modelagem mundial da IA simbólica. Brooks voltou-se para a robótica estabelecida por razões unicamente tecnológicas, mas logo transformou sua abordagem em uma teoria acerca do comportamento adaptativo em geral. Isso ia muito além dos insetos: segundo ele, até mesmo a ação humana não envolve representações internas. (Ou, como ele às vezes sugeria, *normalmente* não envolve representações.)

Sua crítica da IA simbólica estimulou psicólogos e filósofos, e alguns foram muito solidários. Psicólogos já tinham ressaltado que grande parte do comportamento humano está ligada à situação, como o desempenho de papéis em ambientes sociais distintos. Além disso, psicólogos cognitivos tinham chamado a atenção para a visão animada, na qual o próprio movimento corporal do agente é fundamental. Hoje, teorias da mente incorporada são extremamente influentes fora da IA (ver Capítulo 6).

Outros, porém, como David Kirsh, se opuseram veementemente – e ainda se opõem –, argumentando que são necessárias representações composicionais para os tipos de comportamento que envolvem conceitos. Por exemplo: identificação da invariância perceptiva, na qual um objeto pode ser identificado de diferentes pontos de vista; reidentificação de indivíduos ao longo do tempo; autocontrole preventivo (planejamento); negociação do conflito entre motivações, não seu simples agendamento; raciocínio contrafactual; e linguagem. Esses críticos admitem que a robótica estabelecida mostra que o conceito de "isento de conceitos" está mais difundido do que muitos filósofos acreditam. Não obstante, a lógica, a linguagem e a ação humana cuidadosa exigem, todas, a computação simbólica.

Muitos roboticistas também rejeitam as afirmações mais exageradas de Brooks. O grupo de Mackworth, um dos vários grupos que trabalham com futebol de robôs, faz alusão à "deliberação reativa", que inclui percepção sensorial, tomada de decisão em tempo real, planejamento, identificação de plano, aprendizagem e coordenação. Eles estão procurando uma *integração* da Gofai com perspectivas situadas. (Ou seja, estão construindo sistemas híbridos – ver Capítulo 4).

Em geral, as representações são cruciais para o processo de seleção da ação em robótica, mas nem tanto em relação à execução das ações. Portanto, os brincalhões que disseram que "IA" agora significa "insetos artificiais" não tinham muita razão.

## IA evolutiva

A maioria das pessoas acredita que a IA precisa de um projeto meticuloso. Dada a natureza inflexível dos computadores, como poderia ser diferente? Pois pode.

Os robôs evolutivos (que incluem alguns robôs situados), por exemplo, resultam da combinação de uma programação/engenharia rigorosa com uma variação aleatória. Eles não são cuidadosamente projetados; eles evoluem de maneira imprevisível.

A IA geral evolutiva tem essa característica. Originada no interior da IA simbólica, ela também é utilizada no conexionismo. Entre as suas inúmeras aplicações práticas estão a arte (onde a imprevisibilidade pode ser desejável) e o desenvolvimento de sistemas decisivos para a segurança, como motores de aviões.

Um programa pode modificar a si mesmo (em vez de ser recriado por um programador), e até mesmo se aperfeiçoar, utilizando *algoritmos genéticos* (AGs). Inspirados na genética real, eles possibilitam tanto a variação aleatória como a seleção não aleatória. A seleção exige um critério de sucesso, ou "função de aptidão" (semelhante à seleção natural na biologia), que opere ao lado dos AGs. Definir a função de aptidão é crucial.

No software evolutivo, o programa inicial orientado para tarefas não consegue resolver a tarefa com eficácia. É possível que ele nem seja capaz de resolvê-la, pois ele pode ser uma coletânea incoerente de instruções ou uma rede neural conectada aleatoriamente. Mas o programa total contém AGs na retaguarda, que podem alterar as regras orientadas para tarefas. As alterações, feitas de maneira aleatória, se parecem com a mutação pontual e o cruzamento na biologia. Portanto, um único símbolo de uma instrução programada pode ser alterado, ou sequências simbólicas breves podem ser "trocadas" através de duas instruções.

Os diversos programas de tarefas de cada geração são comparados, e os mais eficazes são utilizados para criar a geração seguinte. Outros (escolhidos aleatoriamente) também podem ser mantidos, de modo que mutações potencialmente úteis que ainda não tiveram nenhum efeito positivo não sejam perdidas.

À medida que as gerações passam, a eficiência do programa de tarefas aumenta. Às vezes, a solução *ideal* é encontrada. (Em alguns sistemas evolutivos, o problema de atribuição de crédito – ver Capítulo 4 – é solucionado por meio de uma variante do algoritmo *bucket-brigade* de John Holland, que identifica *exatamente que* partes de um programa evolutivo complexo são mais responsáveis por seu êxito.)

Algumas IAs evolutivas são inteiramente automáticas: o programa aplica a função de aptidão a cada geração e é deixado evoluindo sem supervisão. Nesse caso, a tarefa tem de ser definida com muita clareza – pelas propriedades físicas dos motores de avião, por exemplo. A arte evolutiva, por outro lado, costuma ser extremamente interativa (o *artista* escolhe os melhores de cada geração), porque a função de aptidão – os critérios estéticos – não pode ser determinada com clareza.

A maior parte da robótica evolutiva é intermitentemente interativa. A anatomia do robô (sensores e conexões sensório-motoras, p. ex.) e/ou seu controlador ("cérebro") evolui automaticamente, mas *em condições simuladas*. Para a maioria das gerações, não existe robô físico. Contudo, possivelmente a cada quinhentas gerações, o projeto evoluído é testado em um dispositivo físico.

Mutações inúteis tendem a não sobreviver. A equipe de Inman Harvey, da Universidade de Sussex, descobriu (em 1993) que um dos dois "olhos" de um robô, além de todos os seus "filamentos", pode perder suas conexões iniciais com a rede neural de controle se a tarefa não necessitar nem da visão em profundidade nem do tato. (Do mesmo modo, o córtex auditivo nos surdos congênitos, ou nos animais desprovidos de input auditivo, se acostuma com a computação visual: o cérebro evolui *ao longo de uma vida*, não apenas através de gerações.)

A IA evolutiva pode proporcionar grandes surpresas. Por exemplo, um robô situado que estava sendo desenvolvido (também em Sussex) para gerar movimentos que o desviassem dos obstáculos na direção de um objetivo desenvolveu um detector de direção análogo ao encontrado no cérebro. O universo do robô continha um triângulo de cartolina. Inesperadamente, uma minirrede conectada aleatoriamente apareceu no controlador, que reagiu a um gradiente claro/escuro numa orientação específica (um lado do triângulo). Isso então evoluiu como parte de um mecanismo visual e motor, e as suas conexões (inicialmente aleatórias) com as unidades motoras permitiram que o robô utilizasse o objeto como um auxiliar de deslocamento. O mecanismo não funcionou com um triângulo preto, nem com o lado oposto do triângulo. Além disso, ele era um elemento autônomo, não havendo nenhum *sistema* abrangente de detectores de direção. Apesar disso, ele era útil. Esse resultado surpreendente pôde ser reproduzido amplamente. Utilizando diferentes tipos de redes neurais, a equipe de Sussex descobriu que toda solução bem-sucedida desenvolveu um detector de direção ativo – portanto, a estratégia comportamental de alto nível era a mesma. (Os detalhes *precisos* de implementação variavam, mas eram frequentemente muito semelhantes.)

Em outra ocasião, a equipe de Sussex estava utilizando AGs para projetar circuitos elétricos físicos. A tarefa era desenvolver osciladores. No entanto, o que emergiu foi um sensor de ondas de rádio primitivo, que captava o sinal de fundo de um monitor de PC próximo e que dependia de parâmetros físicos não previstos. Alguns eram previsíveis (as propriedades de antena características de todas as placas de circuito impressas), embora não tivessem sido levados em conta anteriormente pela equipe. Mas outros eram acidentais, e aparentemente irrelevantes. Entre estes estava a proximidade espacial de um monitor de PC; a sequência na qual os interruptores analógicos tinham sido colocados; e o fato de que um soldador deixado numa bancada estava ligado à rede elétrica. (Esse resultado não era passível de reprodução: na vez seguinte, a antena do rádio poderia ser influenciada pelas reações químicas do papel de parede.)

O sensor de ondas de rádio é interessante porque muitos biólogos (e filósofos) afirmam que nada de radicalmente novo poderia surgir da IA, já que todos os resultados de um programa de computador (incluindo os efeitos aleatórios dos AGs) devem se situar dentro do espaço de possibilidades definido por ele. Só a evolução biológica, dizem eles, pode gerar novos sensores perceptivos. Eles permitem que um insignificante sensor visual de IA possa evoluir e se transformar em um sensor de qualidade superior. Mas o *primeiríssimo* sensor visual, dizem eles, só poderia surgir em um mundo físico governado pelo princípio da causalidade. Uma mutação genética aleatória originando uma substância química sensível à luz poderia introduzir a luz, já presente no *mundo exterior*, no *ambiente* do organismo. No entanto, o sensor de rádio inesperado trouxe, *de modo semelhante*, ondas de rádio para dentro do "ambiente" do dispositivo. É verdade que ele dependeu, em parte, de causas físicas (tomadas etc.). Mas ele era um exercício de IA, não de biologia.

Uma novidade radical na IA requer, de fato, influências externas, porque é verdade que um programa não pode ultrapassar seu espaço de possibilidade. Mas essas influências não precisam ser físicas. Um sistema de AG conectado à internet pode desenvolver novidades fundamentais por meio da interação com o mundo virtual.

Muito antes, outra surpresa dentro da IA evolutiva estimulou pesquisas – ainda em andamento – sobre a evolução enquanto tal. O biólogo Thomas Ray utilizou AGs para simular a ecologia das florestas tropicais. Ele constatou o surgimento espontâneo de parasitas, de resistência a parasitas e de superparasitas capazes de superar essa resistência. Ele também descobriu que "saltos" repentinos na evolução (fenotípica) podem ser produzidos por uma série de minúsculas mutações subjacentes (genotípicas). É claro que os darwinistas ortodoxos já acreditavam nisso. Mas trata-se de algo tão contraintuitivo que alguns biólogos, como Stephen Jay Gould, afirmaram que processos não darwinistas também tinham de estar envolvidos.

Hoje, padrões de mutação simulados estão sendo sistematicamente alterados e observados, e pesquisadores de AG estão analisando "cenários de aptidão", "redes neutras [sic]" e "deriva genética". Essas pesquisas explicam como as mutações podem ser preservadas, mesmo que (ainda) não tenham reforçado a aptidão reprodutiva. Desse modo, a IA está ajudando os biólogos a desenvolver a teoria da evolução em geral.

## Auto-organização

A principal característica dos organismos biológicos é a sua capacidade de se estruturar. Auto-organização é o surgimento espontâneo da ordem, de uma origem que está ordenada em um grau inferior. É uma propriedade enigmática, quase paradoxal. E não é óbvio que isso poderia acontecer em objetos sem vida.

De modo geral, a auto-organização é um fenômeno criativo. A criatividade psicológica (tanto "histórica" como "individual") foi examinada no Capítulo 3, e a aprendizagem associativa auto-organizada (não supervisionada), no Capítulo 4. Nosso foco aqui são os tipos de auto-organização estudados na biologia.

Entre os exemplos estão a evolução filogenética (uma forma de criatividade histórica); a embriogênese e a metamorfose (análogas à criatividade individual na psicologia); o desenvolvimento cerebral (criatividade individual seguida pela criatividade histórica); e a formação de células (criatividade histórica quando a vida começou, e criatividade individual dali por diante). Como a IA pode nos ajudar a compreendê-los?

Alan Turing explicou a auto-organização em 1952 voltando às questões básicas. Ele perguntou como algo homogêneo (como o ovo indiferenciado) podia dar origem à estrutura.

Ele reconhecia que a maior parte dos desenvolvimentos biológicos acrescenta uma nova ordem à ordem preexistente: a sequência de transformações no tubo neural do feto, por exemplo. Mas o exemplo principal (além de matematicamente simples) é o da ordem a partir da homogeneidade.

Embriologistas já tinham avançado a hipótese dos "organizadores" – substâncias químicas desconhecidas que conduziam a evolução por caminhos desconhecidos. Turing também não conseguiu identificar os organizadores. Em vez disso, levou em conta princípios extremamente genéricos acerca da difusão química.

Turing demonstrou que, se diferentes moléculas se encontram, os resultados dependeriam dos seus padrões de difusão, das suas concentrações e das velocidades nas quais as suas interações destruiriam/construiriam moléculas. Ele fez isso variando os números em equações químicas imaginárias e investigando os resultados. Algumas combinações de números produziram apenas misturas amorfas de substâncias químicas. Mas outras produziram regras – por exemplo, picos regulares de concentração de uma determinada molécula. Segundo ele, esses picos químicos poderiam ser representados biologicamente como marcas na superfície (listas), ou como as origens de estruturas repetidas como pétalas ou segmentos físicos. Reações de difusão em três dimensões poderiam produzir esvaziamento, como a gastrulação no feto prematuro.

Essas ideias foram reconhecidas imediatamente como sendo muito estimulantes. Elas resolveram o enigma, até então insolúvel, de como a ordem pode surgir de uma origem sem ordem. Mas os biólogos dos anos 1950 não tinham muito o que fazer com elas. Turing tinha confiado na análise matemática. Fez algumas simulações (tremendamente tediosas) à mão, que foram seguidas por um modelo em um computador rudimentar. Mas sua máquina não tinha capacidade computacional suficiente para fazer somas relevantes ou para explorar variações numéricas de forma sistemática. Também não existia computação gráfica, para converter listas de números em uma forma claramente inteligível.

Tanto a IA como a biologia tiveram de esperar quarenta anos para que os *insights* de Turing pudessem ser desenvolvidos. O especialista em computação gráfica Greg Turk explorou as equações de Turing, "congelando" de vez em quando os resultados de uma equação antes de aplicar outra. Esse procedimento, que evocava o liga/desliga dos genes, serviu de exemplo para o "padrão a partir de padrão" – que Turing tinha mencionado, mas que não pôde analisar. No modelo de IA de Turk, as equações de Turing não produziram apenas marcas e listas (como as suas simulações à mão tinham feito), mas também pintas de leopardo, pintas de chimpanzé, reticulagens de girafa e padrões de peixe-leão.

Outros pesquisadores utilizaram séries de equações mais complexas, obtendo, consequentemente, padrões mais complexos. Alguns eram biólogos do desenvolvimento, que agora conhecem melhor a verdadeira bioquímica.

Brian Goodwin, por exemplo, estudou o ciclo de vida da alga *Acetabularia*. Esse organismo unicelular se transforma passando de uma bolha disforme a um pedúnculo alongado; depois cria uma parte superior achatada; em seguida, desenvolve um círculo de calombos em torno da borda; mais tarde, esses calombos germinam, dando origem a um verticilo de ramificações laterais, ou ramos; finalmente, as ramificações laterais se unem, formando uma tampa em forma de guarda--chuva. Experimentos bioquímicos revelam que estão envolvidos nesse processo mais de trinta parâmetros metabólicos (concentrações de cálcio, p. ex.; a afinidade entre o cálcio e algumas proteínas; e a resistência mecânica do citoesqueleto). O modelo computacional da *Acetabularia* criado por Goodwin simulou círculos de feedback repetidos e complexos nos quais esses parâmetros podem mudar de um momento para o outro. O resultado foram diversas metamorfoses físicas.

Tal como Turing e Turk, Goodwin testou valores numéricos para descobrir quais realmente gerariam novas formas. Embora só tivesse usado números dentro dos padrões observados no organismo, eles eram aleatórios.

Ele percebeu que alguns padrões – por exemplo, a alternância de concentrações altas/baixas de cálcio na extremidade de um pedúnculo (a simetria emergente de um verticilo) – surgiam com frequência. Eles não dependiam de uma escolha específica dos valores dos parâmetros, mas surgiam espontaneamente se os valores fossem colocados em qualquer lugar dentro de uma faixa ampla. Além disso, uma vez que os verticilos tinham surgido, eles persistiam. Portanto, disse Goodwin, eles poderiam servir de base para transformações que conduzissem a outras características que ocorriam com frequência. Isso poderia acontecer tanto na filogênese como na ontogênese (tanto na criatividade histórica como na criatividade individual) – na evolução do membro do tetrápode, por exemplo.

Esse modelo nunca gerou uma tampa em forma de guarda-chuva. É possível que isso exija parâmetros suplementares que representem interações químicas, até o momento desconhecidas, dentro da *Acetabularia* real. Ou talvez essas tampas estejam alojadas dentro do espaço de possibilidade do modelo. Nesse caso, elas poderiam, em princípio, surgir dele, mas *só* se os valores numéricos fossem tão rigorosamente limitados que seria improvável que eles pudessem ser encontrados por meio de uma busca aleatória. (As ramificações laterais também não foram geradas, mas isso se deveu simplesmente à falta de capacidade computacional: o programa todo precisaria ser executado em um nível mais baixo para cada uma das ramificações laterais.)

Goodwin extraiu uma intrigante moral teórica do ocorrido. Ele considerava que os verticilos eram formas "genéricas", ocorrendo – ao contrário das tampas em forma de guarda-chuva – num grande número de animais e plantas. Isso sugere que eles não se devem a mecanismos bioquímicos extremamente específicos controlados por genes casualmente evoluídos, e sim a processos gerais (como a difusão reativa) encontrados na maioria ou até mesmo em todos os seres vivos. Esses processos podem criar a base de uma "biologia estruturalista": uma ciência geral da morfologia cujas explicações seriam anteriores à – embora totalmente coerentes com a – seleção darwinista. (Essa possibilidade foi aventada pela argumentação de Turing, além de ter sido enfatizada por D'Arcy Thompson, um biólogo citado por ele; mas o próprio Turing a ignorou.)

A difusão reativa funciona por meio de leis físico-químicas que determinam as interações moleculares locais – ou seja, por leis que podem ser representadas nos autômatos celulares (ACs). Quando John von Neumann definiu os ACs, mostrou que, em princípio, eles podem ser aplicados à física. Os atuais pesquisadores de vida artificial utilizam os ACs com inúmeras finalidades, e, nesse caso, a geração de padrões biológicos é particularmente relevante. Por exemplo, ACs muito simples, delimitados a uma única dimensão (uma linha), podem gerar padrões profundamente diferentes – como os das conchas, por exemplo.

Especialmente intrigante, talvez, é o uso da vida artificial ou dos ACs na tentativa de descrever a "vida como ela poderia ser", não apenas a "vida como a conhecemos". Christopher Langton (que inventou o nome "vida artificial" em 1987) explorou um grande número de ACs definidos aleatoriamente, percebendo sua tendência de gerar ordem. Muitos só produziram caos. Outros criaram estruturas tediosamente repetitivas, ou até mesmo estáticas. Alguns, porém, geraram padrões com variações quase imperceptíveis, embora relativamente estáveis – típicas, disse Langton, dos seres vivos (e também da computação). Surpreendentemente, numa avaliação simples da complexidade informacional do sistema, esses ACs compartilhavam o mesmo valor numérico. Langton deu a entender que esse "parâmetro lambda" se aplica a todos os seres vivos possíveis, seja na Terra ou em Marte.

A auto-organização não molda apenas corpos inteiros, mas órgãos também. O cérebro, por exemplo, se desenvolve por meio de processos evolutivos (dentro do espaço de uma vida e através das gerações) e também por meio da aprendizagem não supervisionada. Essa aprendizagem pode ter resultados extremamente idiossincráticos (historicamente criativos). Mas o desenvolvimento inicial do cérebro em cada indivíduo também cria estruturas neurais *previsíveis*.

Por exemplo: os macacos recém-nascidos possuem detectores de direção que abarcam, sistematicamente, 360 graus. Como estes não podem ter sido aprendidos a partir da experiência com o mundo exterior, é natural supor que estão codificados nos genes. Mas não estão. Em vez disso, eles surgem espontaneamente de uma rede inicialmente aleatória.

Isso foi demonstrado não somente pela modelagem computacional biologicamente realista criada pelos neurocientistas, mas também pela IA "pura". O pesquisador da IBM Ralph Linsker definiu as redes multicamadas feedforward (ver Capítulo 4) ao mostrar que regras hebbianas simples, considerando a atividade *aleatória* (como o "ruído" dentro do cérebro embrionário), podem gerar grupos estruturados de detectores de direção.

Linsker não se fia apenas em demonstrações práticas, nem se concentra unicamente em detectores de direção: sua complexa teoria da "infomax" se aplica a *qualquer* rede desse tipo. Segundo ele, as conexões de rede se desenvolvem para maximizar a quantidade de informação preservada quando os sinais são transformados em cada etapa do processamento. Todas as conexões ganham forma debaixo de algumas restrições empíricas. No entanto, os processos matemáticos garantem o surgimento de um sistema cooperativo de unidades comunicantes. A teoria da infomax também diz respeito à evolução filogenética. Ela torna menos contraintuitivo que, durante a evolução de um sistema complexo, uma única mutação seja adaptativa. A necessidade aparente de várias mutações *simultâneas* desaparece se cada nível puder se adaptar espontaneamente a uma pequena alteração em outro.

Quanto à auto-organização em nível celular, tanto a bioquímica intracelular como a formação de células/paredes celulares foram modeladas. Essa pesquisa tira partido da pesquisa de Turing sobre a difusão reativa. No entanto, ela depende mais de conceitos biológicos do que de ideias originadas dentro da vida artificial.

Resumindo, a IA oferece muitas ideias teóricas a respeito da auto-organização. E o que não faltam são artefatos auto-organizados.

# Capítulo 6
## Mas será que isso é inteligência de verdade?

Suponha que futuros sistemas de AGI (na tela ou robôs) tivessem um desempenho equiparável ao do ser humano. Será que eles teriam uma *verdadeira* inteligência, um verdadeiro *discernimento*, uma *verdadeira* criatividade? Será que teriam egos, postura moral, livre-arbítrio? Seriam conscientes? E, sem a consciência, será que poderiam ter qualquer uma dessas outras características?

Essas perguntas não são científicas, são filosóficas. Muitas pessoas sentem intuitivamente que a resposta, em cada um dos casos, é: "*Claro* que não!".

No entanto, as coisas não são tão simples assim. Precisamos de argumentos meticulosos, não apenas de intuições precipitadas. Mas esses argumentos mostram que não existem respostas indiscutíveis para essas perguntas. Isso porque os próprios conceitos em questão são extremamente controversos. Somente se todos eles fossem satisfatoriamente compreendidos poderíamos estar *seguros* de que a hipotética AGI seria realmente inteligente ou não. Em suma: ninguém tem 100% de certeza.

Alguns podem dizer que isso não importa: o que importa é o que as AGIs farão realmente. Porém, como veremos, nossas respostas poderiam influenciar *o modo como nos relacionamos com elas*.

Por isso, este capítulo não fornecerá respostas indiscutíveis, mas vai sinalizar que algumas respostas são mais razoáveis que outras. E mostrará como os conceitos de IA têm sido utilizados por (alguns) filósofos para elucidar a natureza das mentes *reais*.

## O Teste de Turing

Em um ensaio publicado em 1950 na revista de filosofia *Mind*, Alan Turing descreveu o chamado Teste de Turing. O teste pergunta se, em sessões de até cinco minutos, alguém conseguiria diferenciar, durante 30% do tempo, se estava interagindo com um computador ou com uma pessoa. Se não conseguisse, ele deduzia que não havia motivo para negar que o computador podia realmente pensar.

Era uma tirada irônica. Embora aparecesse nas páginas de abertura, o Teste de Turing era um suplemento de um ensaio cuja finalidade principal era ser um manifesto em defesa de uma futura IA. Na verdade, Turing descreveu-o para o seu amigo Robin Gandy como uma "propaganda" bem-humorada, que provocaria risinhos em vez de críticas sérias.

No entanto, os filósofos morderam a isca. A maioria argumentou que mesmo se as respostas de um programa não pudessem ser diferenciadas das de um ser humano, isso *não provava* que o programa era inteligente. A objeção mais comum era – e ainda é – que, como o Teste de Turing diz respeito apenas a comportamentos observáveis, um zumbi poderia ser aprovado nele: algo que se comporta exatamente como nós, mas que não tem consciência.

Essa objeção pressupõe que a inteligência precisa da consciência, e que os zumbis são logicamente possíveis. Veremos (na seção "Consciência fenomenal e IA") que algumas descrições da consciência sugerem que a teoria do *zumbi* é incoerente. Se elas estão corretas, então nenhuma AGI poderia ser um zumbi. Desse ponto de vista, o Teste de Turing seria justificado.

Embora o Teste de Turing desperte um grande interesse nos filósofos (e no público em geral), ele não tem sido importante na IA. A maior parte da IA procura oferecer ferramentas úteis, não imitar a inteligência humana – quanto mais fazer que os usuários acreditem que estão interagindo com uma pessoa.

É bem verdade que os pesquisadores de IA ávidos por publicidade às vezes afirmam, e/ou permitem que os jornalistas afirmem, que o seu sistema passa no Teste de Turing. No entanto, esses testes não batem com a descrição de Turing. Por exemplo, o protótipo Parry, de Ken Colby, "Enganou" psiquiatras, levando-os a pensar que estavam lendo entrevistas com paranoicos – porque *eles naturalmente pressupuseram* que estavam lidando com pacientes humanos. Do mesmo modo, a arte computacional muitas vezes é atribuída a seres humanos *se* não existir nenhuma pista de que pode haver uma máquina envolvida.

O mais próximo de um genuíno Teste de Turing é a competição anual de Loebner (que atualmente acontece em Bletchley Park). As regras atuais prescrevem interações de 25 minutos, utilizando vinte perguntas pré-selecionadas cujo objetivo é testar memória, raciocínio, conhecimentos gerais e personalidade. Os juízes levam em conta relevância e correção, além da clareza e plausibilidade da expressão/da gramática. Até o momento, nenhum programa enganou os juízes de Loebner durante 30% do tempo. (Em 2014, um programa que se dizia um garoto ucraniano de 13 anos de idade ludibriou 33% dos seus interrogadores; mas enganos são prontamente desculpados em falantes não nativos, especialmente crianças.)

## Os inúmeros problemas da consciência

Não existe essa história *do* problema da consciência. Eles são muitos. A palavra "consciente" é utilizada para diferenciar muitas coisas: desperto/adormecido; deliberado/instintivo; atento/desatento; acessível/inacessível; descritível/indescritível; ponderado/impensado; e assim por diante. Nenhuma explicação única esclarecerá todos eles.

Esses contrastes são *funcionais*. Muitos filósofos admitiriam que se poderia, em princípio, compreendê-los em termos de processamentos de informação e/ou neurocientíficos.

Mas a consciência *fenomenal* – sensações (como melancolia ou aflição) ou "qualia" (termo técnico usado pelos filósofos) – parece ser algo diferente. A própria existência de qualia, num universo essencialmente material, é um evidente enigma metafísico.

David Chalmers chama isso de "problema difícil", o qual, segundo ele, é inescapável: "[Temos de] tomar consciência seriamente... [Para] redefinir o problema como sendo o de explicar *como o desempenho de determinadas funções cognitivas e comportamentais* é inaceitável".

Foram sugeridas diversas soluções extremamente especulativas. Entre elas, a versão de Chalmers do pampsiquismo, uma teoria assumidamente "extravagante, ou até mesmo maluca", segundo a qual a consciência fenomenal é uma propriedade irredutível do universo, análoga à massa ou carga. Vários outros filósofos recorreram à física quântica – utilizando um mistério para resolver outro, dizem seus adversários. Colin McGinn chegou até a afirmar que os seres humanos são intrinsecamente incapazes de compreender a ligação causal entre cérebro e qualia, do mesmo modo que os cachorros não conseguem compreender aritmética. E Jerry Fodor, filósofo de destaque da ciência cognitiva, acredita que "ninguém faz a mínima ideia de como algo material poderia ser consciente. Ninguém nem sabe o que seria fazer a mínima ideia de como algo material poderia ser consciente".

Em suma, poucos filósofos declaram compreender a consciência fenomenal – quanto àqueles que o fazem, quase ninguém acredita neles. O assunto é um imbróglio filosófico.

## Consciência de máquina

Pensadores simpáticos à IA abordam a consciência de duas maneiras. Uma é construindo modelos computacionais de consciência, a chamada "consciência de máquina" (CM). A outra (que é típica dos filósofos influenciados pela IA) é *analisando-a* em termos computacionais abrangentes, sem fazer modelagem.

Uma AGI *realmente* inteligente possuiria consciência funcional. Por exemplo: ela iria se concentrar em (prestaria atenção a, estaria ciente de) coisas diferentes em momentos diferentes. Um sistema de nível humano também seria capaz de deliberar e de fazer autorreflexão. Poderia gerar ideias criativas e até avaliá-las deliberadamente. Sem essas capacidades, ele não conseguiria gerar um desempenho aparentemente inteligente.

A consciência fenomenal pode estar implicada quando seres humanos avaliam ideias criativas (ver Capítulo 3). Na verdade, muitos diriam que ela está presente em cada diferença "funcional". Apesar disso, os pesquisadores de CM – todos eles levam em conta a consciência funcional – normalmente ignoram a consciência fenomenal.

Um projeto interessante de CM é o Lida, desenvolvido em Memphis (EUA) pelo grupo de Stan Franklin. O nome designa duas coisas. Uma é um modelo *conceitual* – uma teoria computacional expressa verbalmente – de consciência (funcional). A outra é uma *implementação* parcial e simplificada desse modelo teórico.

Ambas são utilizadas com finalidade científica (objetivo principal de Franklin), mas a segunda também tem aplicações práticas. A implementação do Lida pode ser customizada para se adaptar a áreas problemáticas específicas, como a medicina.

Ao contrário de Soar, ACT-R e CYC (ver Capítulo 2), o LIda é muito recente. A primeira versão (construída para a Marinha estadunidense para catalogar novos empregos para marinheiros que dão baixa) foi lançada em 2011. A versão atual abrange a atenção e seus efeitos na aprendizagem em diversos tipos de memória (episódica, semântica e processual); e o controle sensório-motor está sendo desenvolvido agora para a robótica. Mas ainda estão faltando muitos aspectos, entre os quais a linguagem. (A descrição que se segue diz respeito ao modelo *conceitual*, sem levar em conta quais aspectos já foram implementados.)

O Lida é um sistema híbrido que envolve *spreading activation* (espalhamento por ativação) e representações esparsas (ver Capítulo 4), assim como programação simbólica. Ele se baseia na teoria neuropsicológica do espaço de trabalho global (em inglês, Global Workspace Theory, GWT) da consciência, de autoria de Bernard Baar.

A GWT considera o cérebro um sistema distribuído (ver Capítulo 2) no qual muitos subsistemas especializados, funcionando paralelamente, competem pelo acesso à memória operacional (ver Figura 2). Os itens aparecem ali em sequência (o fluxo de consciência), mas são "transmitidos" para todas as áreas do córtex.

Se um item transmitido, derivado de um órgão sensorial ou de outro subsistema, desencadeia uma reação de uma determinada área, essa reação pode ser suficientemente forte para vencer a competição por atenção, controlando ativamente o acesso à consciência. (Novas percepções/representações tendem a ganhar atenção, ao passo que itens repetidos desaparecem da consciência.) Os subsistemas são frequentemente complexos; alguns estão implantados hierarquicamente, e muitos possuem diversos tipos de ligações associativas. Vários contextos inconscientes (organizados em diferentes memórias) moldam a experiência consciente, tanto evocando como alterando os itens no espaço de trabalho global. Em seguida, os conteúdos que merecem atenção adaptam os contextos permanentes, proporcionando diversos tipos de aprendizagem.

Esses conteúdos, quando transmitidos, controlam a escolha da ação seguinte. Muitas ações são cognitivas, como a construção ou a correção de representações internas. Normas morais são armazenadas (na memória semântica) como procedimentos para futuras avaliações. Decisões também podem ser influenciadas por reações observadas/previstas de outros agentes sociais.

Tomemos, por exemplo, o planejamento (ver Capítulo 2). As intenções são representadas como estruturas basicamente inconscientes, mas relativamente de alto nível, que podem conduzir a imagens conscientes do objetivo (selecionadas por meio de características geralmente proeminentes vindas da percepção, da memória ou da imaginação). Estas recrutam

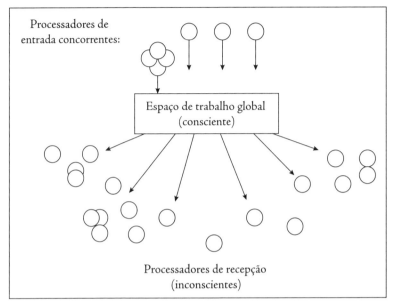

Figura 2. Um espaço de trabalho global em um sistema distribuído. O sistema nervoso contém diversos processadores inconscientes especializados (analisadores de percepção, sistemas de saída, sistemas de planejamento etc.). A interação, a coordenação e o controle desses especialistas inconscientes exigem uma troca de informação central ou "espaço de trabalho global". Especialistas de entrada podem cooperar e competir pelo acesso a ele. No exemplo apresentado aqui, quatro processadores de entrada cooperam para posicionar uma mensagem global, que então é transmitida para todo o sistema.

objetivos secundários relevantes. Elas "recrutam", não "restauram", pois os próprios objetivos secundários decidem a respeito da relevância delas. Como todos os subsistemas corticais, eles ficam esperando ser ativados por algum item transmitido – nesse caso, por meio de uma imagem apropriada do objetivo, o Lida consegue transformar um esquema selecionado de ação voltado para objetivo em ações motoras executáveis de baixo nível que reagem às características específicas de um ambiente imprevisível e mutante.

A teoria de Baars (e a versão que Frank fez dela) não foi inventada em uma oficina de cientista de computação. Pelo contrário, ela foi concebida para levar em conta uma grande variedade de fenômenos psicológicos conhecidos, e uma ampla gama de evidências experimentais (ver Figura 3). Mas esses autores afirmam que ela também soluciona alguns enigmas psicológicos que até então não tinham sido solucionados.

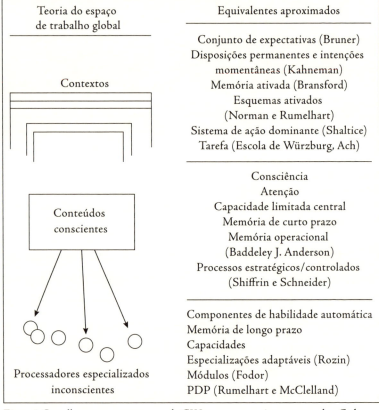

Figura 3. Semelhanças entre os termos do GW e outros conceitos consagrados. Cada uma dessas ideias familiares é definida (pelo GWT) em termos de funcionamento inconsciente e consciente.

Por exemplo: eles dizem que o GWT/Lida resolve o enigma da "integração" – há muito objeto de polêmica –, que pergunta como *vários* inputs vindos de diferentes sentidos em diferentes áreas do cérebro – tato, aparência, olfato e o som produzido por um gato, por exemplo –, são atribuídos a *uma única* coisa. Franklin e Baars afirmam que ele também explica como a mente humana evita o problema do frame (ver Capítulo 2). Por exemplo: quando ela produz analogias criativas, não existe um executivo central vasculhando a estrutura de dados inteira à procura de itens relevantes. Pelo contrário: se um subsistema identifica que um item transmitido se ajusta/aproxima daquilo que ele está (sempre) procurando, ele tem de competir para entrar no espaço de trabalho global.

Essa abordagem de IA lembra os "demônios" da Pandemonium e as arquiteturas de "quadro-negro" utilizadas para desenvolver sistemas de produção (ver Capítulos 1 e 2). Isso não surpreende, pois essas ideias inspiraram a teoria neuropsicológica de Baars, que acabou levando ao Lida. A roda teórica completou o círculo.

## IA e consciência fenomenal

Embora os profissionais de CM ignorem o problema "difícil", três filósofos influenciados pela IA o encararam de frente: Paul Churchland, Daniel Dennett e Aaron Sloman. Dizer que as respostas deles são polêmicas é pouco. No entanto, quando se trata de consciência fenomenal, isso é normal.

O "materialismo eliminativo" de Churchland *nega* a existência de pensamentos e experiências imateriais. Em vez disso, ele os identifica com estados cerebrais.

Ele apresenta uma teoria científica – em parte computacional (conexionista), em parte neurológica – que delimita um "espaço de sabor" em 4D, o qual registra de maneira sistemática diferenças subjetivas (qualia) de sabor em estruturas neurais específicas. As quatro dimensões refletem os quatro tipos de receptor de sabor na língua.

Para Churchland, não se trata aqui de *correlações* mente--cérebro: ter uma experiência de sabor *é simplesmente* fazer o cérebro visitar um ponto específico no espaço sensorial abstratamente definido. A conclusão é que *toda* a consciência fenomenal é simplesmente o fato de o cérebro estar em um lugar específico em um hiperespaço empiricamente determinável. Nesse caso, então, nenhum computador (excetuando-se, possivelmente, uma emulação completa do cérebro) poderia ter consciência fenomenal.

Dennett também nega a existência de experiências ontologicamente distintas, para além dos eventos físicos. (Portanto, uma resposta usual ao seu provocativo livro de 1991 é: "Não *Consciência explicada*, e sim *minimizada*.)

Do seu ponto de vista, experimentar é discriminar. Porém, ao discriminarmos algo que existe no mundo material, não damos vida a outra coisa em outro mundo imaterial. Ele expressa isso numa conversa imaginária:

[OTTO:] Parece-me que você negou a existência dos fenômenos mais inegavelmente verdadeiros que existem: as aparências verdadeiras das quais nem Descartes pôde duvidar.

[DENNETT:] De certo modo, você tem razão: aquilo que eu estou negando existe. Vamos [considerar] o fenômeno da propagação de cores do neônio. Parece haver um círculo cor-de-rosa brilhante na sobrecapa. [Ele está descrevendo uma ilusão visual provocada por linhas vermelhas e pretas sobre papel branco brilhante.]

[OTTO:] Parece mesmo.

[DENNETT:] Mas não existe nenhum círculo cor-de-rosa. Não de verdade.

[OTTO:] Correto. Mas parece mesmo que existe!

[DENNETT:] Correto.

[OTTO:] Portanto, onde ele está?

[DENNETT:] Onde está o quê?

[OTTO:] O círculo cor-de-rosa brilhante.

[DENNETT:] Não existe nenhum; pensei que você tivesse acabado de reconhecer isso.

[OTTO:] Bem, é verdade, não existe nenhum círculo cor-de-rosa brilhante na página, mas parece mesmo que existe.

[DENNETT:] Correto. Parece que existe um círculo cor-de-rosa brilhante.

[OTTO:] Portanto, vamos falar sobre *esse* círculo.

[DENNETT:] Qual?

[OTTO:] O que *parece existir*.

[DENNETT:] Não tem esse negócio de círculo cor-de-rosa que simplesmente parece existir.

[OTTO:] Olhe, eu não estou apenas *dizendo* que parece existir um círculo cor-de-rosa brilhante; *parece realmente* que existe um círculo cor-de-rosa brilhante!

[DENNETT:] Concordo prontamente... Você está realmente falando sério quando diz que parece que existe um círculo cor-de-rosa brilhante.

[OTTO:] Olhe. Eu não estou simplesmente falando sério. Eu não *penso* apenas que parece existir um círculo cor-de-rosa brilhante; parece existir *realmente* um círculo cor-de-rosa brilhante!
[DENNETT:] Agora você conseguiu. Você caiu numa armadilha, junto com muitos outros. Você parece pensar que existe uma diferença entre pensar (julgar, decidir, estar firmemente convicto de) que algo parece cor-de-rosa para você e algo *parecer realmente* cor-de-rosa para você. Mas não existe nenhuma diferença. Não existe nenhum fenômeno como parecer realmente – para além do fenômeno de julgar de uma maneira ou de outra que algo é assim.

Em outras palavras, não é possível explicar o que são qualia. Isso não existe.

Aaron Sloman discorda. Ele reconhece que os qualia realmente existem, mas o faz de um jeito incomum: ele os analisa como aspectos da máquina virtual multidimensional a que chamamos de mente (veja a seção seguinte).

Qualia, diz ele, são estados computacionais internos. Podem ter efeitos causais no comportamento (expressões faciais involuntárias, p. ex.) e/ou em outros aspectos do processamento de informações da mente. Só podem existir em máquinas virtuais com significativa complexidade estrutural (ele resume os tipos de recursos computacionais reflexivos exigidos). Eles só podem ser acessados por outras partes da máquina virtual específica em questão, e não têm necessariamente qualquer expressão comportamental. (O que explica a sua *privacidade*.) Além disso, nem sempre é possível descrevê-los – por meio de níveis mais elevados e automonitorados da mente – em termos verbais. (O que explica a sua *inefabilidade*.)

Isso não significa que Sloman iguala os qualia aos processos cerebrais (como faz Churchland). Pois estados computacionais são aspectos de máquinas *virtuais*: eles não podem ser definidos com a linguagem das descrições físicas. Mas só podem existir, e ter efeitos causais, quando implantados em um mecanismo físico subjacente.

*E quanto ao Teste de Turing?* Tanto as análises de Dennett como as de Sloman sugerem (e Dennett defende explicitamente) que é impossível haver zumbis. Isso porque, para eles, o conceito de *zumbi* é incoerente. Com o comportamento e/ou a máquina virtual adequados, a consciência – para Sloman, até mesmo incluindo os qualia – está assegurada. Consequentemente, o Teste de Turing fica preservado da objeção de que um zumbi poderia ser "aprovado" nele.

*E quanto à hipotética AGI?* Se Dennett está certo, ela teria toda a consciência que nós temos – o que *não* incluiria os qualia. Se Sloman está certo, ela teria exatamente o mesmo tipo de consciência fenomenal que nós temos.

## Máquinas virtuais e o problema mente-corpo

O "funcionalismo" da década de 1960 de Hilary Putnam utilizou o conceito das máquinas de Turing e a distinção (nova à época) software/hardware, para defender, de fato, que *a mente é aquilo que o cérebro faz*.

A divisão metafísica (cartesiana) entre duas substâncias totalmente diferentes deu lugar a uma divisão conceitual entre níveis de descrição. A analogia *programa* versus *computador* admitia que a "mente" e o "corpo" são, de fato, muito diferentes. Mas ela era totalmente compatível com o materialismo. (Se ela poderia abarcar os qualia era, e ainda é, algo extremamente controvertido.)

Embora existissem diversos programas estimulantes de IA em 1960 (ver Capítulo 1), os filósofos funcionalistas raramente examinaram exemplos específicos, concentrando-se em princípios gerais, como a computação de Turing. Somente com a ascensão do PDP em meados da década de 1980 (ver Capítulo 4) é que um grande número de filósofos levou em conta como os sistemas de IA realmente funcionam. Mesmo então, poucos perguntaram *precisamente que* funções computacionais poderiam tornar o raciocínio ou a criatividade (por exemplo) possível.

A melhor maneira de compreender esses assuntos é adotando o conceito de máquina virtual dos cientistas computacionais. Em vez de dizer que *a mente é aquilo que o cérebro faz*, deveríamos dizer (segundo Sloman) que *a mente é a máquina virtual – ou melhor, o conjunto integrado de muitas máquinas virtuais diferentes – que é/são implantada(s) no cérebro*. (No entanto, a posição de que a mente é uma máquina virtual tem uma consequência extremamente contraintuitiva: ver a seção "A neuroproteína é essencial?".)

Como foi explicado no Capítulo 1, as máquinas virtuais são reais, e têm efeitos causais reais: não existe ali nenhuma interação mente-corpo metafisicamente misteriosa. Portanto, o significado *filosófico* do Lida, por exemplo, é que ele descreve um conjunto organizado de máquinas virtuais que mostram como os diferentes aspectos da consciência (funcional) são possíveis.

A abordagem da máquina virtual corrige um aspecto essencial do funcionalismo: a hipótese do Sistema de Símbolo Físico (PSS, na sigla em inglês). Na década de 1970, Allen Newell e Herbert Simon definiram esse sistema como "um conjunto de entidades, chamadas símbolos, que são padrões físicos que podem ocorrer como componentes de outro tipo de entidade denominada expressão (ou estrutura simbólica)... [No interior de] uma estrutura simbólica, [...] ocorrências (ou indicações) [*tokens*] de símbolos [estão] relacionadas de uma forma física (como uma ilustração estando próxima de outra)". Segundo eles, os processos existem para criar e modificar as estruturas simbólicas – a saber, os processos descritos pela IA simbólica. E acrescentaram: "Um PSS possui os recursos necessários e suficientes para a ação inteligente geral". Em outras palavras, a mente-cérebro é um PSS.

Do ponto de vista da mente como máquina virtual, eles deveriam tê-la denominado hipótese do sistema de símbolo *fisicamente implantado* (não é o caso de representá-lo com um acrônimo), uma vez que os símbolos são conteúdos de máquinas virtuais, não de máquinas físicas.

Isso significa que o tecido neural não é *indispensável* para a inteligência, a menos que ele seja o único substrato material capaz de implantar as máquinas virtuais em questão.

A hipótese do PSS (e a maior parte da IA primitiva) acreditava que uma *representação*, ou símbolo físico, é uma característica claramente isolável e precisamente localizável da máquina/do cérebro. O conexionismo apresentaria uma versão muito diferente das representações (ver Capítulo 4). Ele as considerava em termos de redes completas de células, não de neurônios claramente localizáveis. E considerava os conceitos em termos de restrições parcialmente conflitantes, não de definições lógicas rigorosas. Isso era extremamente atraente para os filósofos acostumados com a versão de Wittgenstein das "semelhanças familiares".

Posteriormente, pesquisadores de robótica estabelecida negaram que o cérebro contenha qualquer tipo de representação (ver Capítulo 5). Essa posição foi aceita por alguns filósofos, mas David Kirsh, por exemplo, defendeu que representações composicionais (e computação simbólica) são indispensáveis para todo comportamento que envolva conceitos – incluindo lógica, linguagem e ação deliberativa.

## Propósito e compreensão

De acordo com Newell e Simon, todo PSS que execute todos os cálculos certos é *realmente* inteligente. Ele tem "os recursos *necessários e suficientes* para a ação inteligente". O filósofo John Searle chamou essa afirmação de "IA forte". (A "IA fraca" defendia simplesmente que os modelos de IA podem ajudar os psicólogos a formular teorias coerentes.)

Ele sustentou que a IA forte estava enganada. A computação simbólica pode existir em nossa cabeça (embora ele duvidasse disso), mas *ela sozinha* não é capaz de produzir inteligência. Mais precisamente, ela não é capaz de produzir "intencionalidade", termo técnico utilizado pelos filósofos que significa propósito, ou compreensão.

Searle baseou-se numa experiência mental que ainda hoje provoca controvérsias: *Searle encontra-se em uma sala sem janelas, com uma abertura através da qual são introduzidas, de fora para dentro, tiras de papel com "riscos" e "rabiscos". Dentro da sala existe uma caixa de tiras contendo rabiscos semelhantes, e um livro de regras dizendo que se um rabisco for passado para dentro, então Searle deve passar uma garatuja específica para fora, ou talvez olhar cuidadosamente uma longa sequência de emparelhamentos de duplas de rabiscos antes de passar algumas dessas tiras para fora. Sem que Searle saiba, os rabiscos são caracteres chineses; o livro de regras é um programa de PLN chinês; e os chineses do lado de fora da sala o estão utilizando para responder às perguntas deles. No entanto, quando Searle entrou na sala ele não sabia chinês, e continuará não sabendo quando sair dela. Conclusão: a computação convencional sozinha (que é o que "Searle dentro da sala" está fazendo) é incapaz de gerar intencionalidade. Portanto, a IA forte está equivocada, e é impossível haver uma verdadeira compreensão em programas de IA.* (Essa argumentação, a chamada "Sala chinesa", visou originalmente a IA simbólica, mas foi generalizada posteriormente, aplicando-se também ao conexionismo e à robótica.)

Nesse caso, Searle alegava que os "propósitos" atribuídos a programas de IA procedem inteiramente de usuários/programadores humanos. Eles são arbitrários com respeito ao programa em si, que é semanticamente vazio. Por ser "unicamente sintaxe e nenhuma semântica", o mesmo programa também poderia ser interpretado como um calculador de impostos ou uma coreografia.

Isso às vezes é verdade. Mas lembrem-se da afirmação de Franklin de que os modelos de Lida *se baseavam* na cognição – e até mesmo a *encarnavam* – por meio de ligações estruturadas entre os sentidos, os acionadores e o ambiente. Lembrem-se também do circuito de controle que evoluiu para um detector de direção de robôs (ver Capítulo 5). Chamar isso de "detector de direção" *não* é arbitrário. Sua própria existência depende da sua evolução como um detector de direção, útil para alcançar o objetivo do robô.

Esse último exemplo é relevante até porque alguns filósofos consideram que a evolução é a fonte da intencionalidade. Ruth Millikan, por exemplo, defende que o pensamento e a linguagem são fenômenos *biológicos* cujos propósitos dependem da nossa história evolutiva. Se isso é correto, então nenhuma AGI não evolutiva poderia conter a verdadeira compreensão.

Outros filósofos de inclinação científica (como os próprios Newell e Simon) definem intencionalidade em termos causais. Mas eles têm dificuldade de explicar afirmações não verídicas: se alguém afirma ter visto uma vaca, mas não existe vaca alguma para dar origem às palavras, como a pessoa pode *dizer* vaca?

Em suma: nenhuma teoria da intencionalidade satisfaz a todos os filósofos. E como a verdadeira inteligência envolve compreensão, mais uma razão de *ninguém saber* se a nossa hipotética AGI seria realmente inteligente.

## A neuroproteína é essencial?

Parte do motivo de Searle rejeitar a IA forte era que os computadores não são feitos de neuroproteína. Segundo ele, a intencionalidade é provocada pela neuroproteína, do mesmo modo que a fotossíntese é provocada pela clorofila. Pode ser que a neuroproteína não seja a única substância no universo capaz de sustentar a intencionalidade e a consciência. Mas é óbvio que as ligas metálicas e o silício não são capazes de fazê-lo.

Mas aí já é ir longe demais. De fato, é extremamente contraintuitivo sugerir que computadores de lata podem realmente sentir melancolia ou dor, ou podem realmente compreender a linguagem. Mas dizer que os qualia são causados *por neuroproteína* não é menos contraintuitivo, não é menos filosoficamente problemático. (Portanto, algo que é contraintuitivo pode, ainda assim, ser verdadeiro.)

Se aceitarmos a análise dos qualia feita por máquina virtual proposta por Sloman, essa dificuldade específica desaparece. No entanto, a versão *global* da mente como máquina virtual traz outra dificuldade semelhante. Se uma máquina virtual com mente [*mind-qualifying virtual machine*] fosse implantada em um hardware de IA, então *essa mesma mente* existiria dentro da máquina – ou talvez em diversas máquinas. Portanto, a mente como máquina virtual significa a possibilidade, em princípio, da imortalidade pessoal (clonada várias vezes) *dentro de computadores*. Para a maioria das pessoas (ver, de todo modo, o Capítulo 7), isso não é menos contraintuitivo do que computadores servindo de suporte a qualia.

Se a neuroproteína for a única substância capaz de servir de suporte a máquinas virtuais em escala humana, podemos rejeitar a ideia de "imortalidade clonada". Mas será que é? Não sabemos.

Talvez a neuroproteína possua propriedades especiais, talvez altamente abstratas, que a tornam capaz de realizar a ampla gama de cálculos executados pela mente. Por exemplo: ela tem de ser capaz de construir (com uma rapidez razoável) moléculas que sejam estáveis (e armazenáveis), mas também flexíveis. Ela tem de ser capaz de criar estruturas, e conexões entre estruturas, que possuam propriedades eletroquímicas que permitam que elas transmitam informações entre si. É possível que outras substâncias, em outros planetas, também possam fazer essas coisas.

## Não apenas o cérebro, mas o corpo também

Alguns filósofos da mente afirmam que o cérebro recebe atenção demais. Segundo eles, é melhor se concentrar no corpo inteiro.

Sua posição geralmente se baseia na fenomenologia da Europa continental, que dá destaque à "forma de vida" humana.

Isso abrange tanto a consciência significante (incluindo os "interesses" humanos, que fundamentam nosso senso de *relevância*) como a corporificação.

Estar corporificado [*embodied*] é ser um corpo vivo situado em um ambiente dinâmico e ativamente engajado nele. O ambiente – e o engajamento – é tanto físico como sociocultural. As propriedades psicológicas fundamentais não são o raciocínio ou o pensamento, mas a adaptação e a comunicação.

Os filósofos da corporificação dedicam pouco tempo à IA simbólica, considerando-a excessivamente cerebral. Só as abordagens baseadas na cibernética são favorecidas (ver Capítulos 1 e 5). E já que, desse ponto de vista, a verdadeira inteligência é baseada no corpo, nenhuma AGI exibida em tela poderia *realmente* ser inteligente. Mesmo se o sistema exibido em tela fosse um agente autônomo estruturalmente unido a um ambiente físico, ele não seria (*data venia* Franklin) considerado *corporificado*.

E quanto aos robôs? Afinal de contas, os robôs são seres físicos estabelecidos no mundo real e adaptáveis a ele. Na verdade, a robótica *estabelecida* às vezes é elogiada por esses filósofos. Mas será que os robôs têm *corpos*? Ou *interesses*? Ou *formas de vida*? Será que eles ao menos estão *vivos*?

Os fenomenologistas responderiam: "É claro que não!". Eles poderiam citar a célebre frase de Wittgenstein: "Se o leão pudesse falar, nós não conseguiríamos entendê-lo". A forma de vida leão é tão diferente da nossa que a comunicação seria quase impossível. Sim, existe suficiente superposição entre a psicologia de um leão e a nossa (p. ex., fome, medo, cansaço etc.) que uma compreensão – e uma empatia – mínima poderia ser factível. Mas nem isso estaria disponível durante a "comunicação" com um robô. (É por isso que as pesquisas sobre robôs para o acompanhamento pessoal é tão preocupante – ver Capítulos 3 e 7.)

## Comunidade moral

Aceitaríamos – deveríamos aceitar? – uma AGI de nível humano como membro da nossa comunidade moral? Se aceitássemos, isso teria consequências práticas significativas, pois afetaria a interação ser humano-computador de três maneiras.

Em primeiro lugar, a AGI receberia nosso interesse moral – como acontece com os animais. Respeitaríamos, até certo ponto, os seus interesses. Se ela pedisse a alguém para interromper o descanso ou as palavras-cruzadas para ajudá-la a alcançar um objetivo "altamente prioritário", a pessoa o faria. (Você nunca saiu da poltrona para passear com o cachorro ou para levar uma joaninha de volta ao jardim?) Quanto mais sentíssemos que seus interesses *eram importantes* para ela, mais nos sentiríamos obrigados a respeitá-los. No entanto, essa opinião dependeria, em grande medida, do fato de atribuirmos ou não consciência fenomenal (inclusive sentir emoções) à AGI.

Em segundo lugar, consideraríamos que as suas ações eram passíveis de avaliação moral. Os atuais drones assassinos não são moralmente responsáveis (ao contrário de seus usuários/

criadores – ver Capítulo 7). Mas será que uma AGI *realmente* inteligente seria? Supostamente, suas decisões poderiam ser afetadas pela nossa reação a elas – de elogio ou de censura. Se não, não existe *comunidade*. Ela poderia aprender a ser "virtuosa", do mesmo modo que uma criança pequena (ou um cachorro) consegue aprender a ser bem-comportada, ou uma criança mais velha, a ter consideração pelos outros. (A consideração exige o desenvolvimento daquilo que os psicólogos cognitivos chamam de "teoria da mente", que interpreta o comportamento das pessoas em termos de ação, intenção e crença.) Até mesmo a punição pode ser justificada, por razões instrumentais.

E, em terceiro lugar, nós a transformaríamos no alvo de argumentos e de convicções a respeito de decisões morais. Ela poderia até oferecer conselhos morais para as pessoas. Para nos envolvermos seriamente nessas conversas, precisaríamos ter certeza de que (além de ter inteligência de nível humano) ela seria sensível a considerações de natureza especificamente *moral*. Mas o que isso significa precisamente? Os eticistas discordam profundamente não apenas a respeito do conteúdo da moralidade, mas também a respeito das suas bases filosóficas.

Quanto mais levamos em conta as consequências da "comunidade moral, mais problemática parece ser a ideia de aceitar as AGIs. Na verdade, a maioria das pessoas tem uma forte intuição de que a própria sugestão é absurda.

## Moralidade, liberdade e ego

Essa intuição surge, em grande medida, porque o conceito de responsabilidade moral está intimamente ligado a outros conceitos – ação consciente, liberdade e ego – que contribuem para a nossa noção de *humanidade* enquanto tal.

A deliberação consciente torna nossas escolhas mais responsáveis moralmente (embora as ações impensadas também possam ser criticadas). O elogio ou a culpa moral é atribuído ao agente, ou ego, envolvido. Mas as ações executadas sob forte coação estão menos sujeitas a censura do que as feitas livremente.

Esses conceitos são extremamente controversos, *mesmo quando aplicados às pessoas*. Aplicá-los às máquinas parece inadequado – sobretudo devido às consequências para as interações ser humano-computador mencionadas na seção anterior. No entanto, assumir a abordagem "mente como máquina virtual" para a mente *humana* pode nos ajudar a compreender esses fenômenos *em nosso próprio exemplo*.

Filósofos influenciados pela IA analisam a liberdade baseados em determinados tipos de complexidade cognitivo-motivacional. Eles ressaltam que as pessoas certamente são "livres" de maneiras que os grilos, por exemplo, não são. Os grilos-fêmeas encontram seus parceiros por meio de uma resposta reflexa integrada (ver Capítulo 5). Porém, uma mulher que procura um parceiro dispõe de inúmeras estratégias. Ela também tem muitos outros desejos além do acasalamento – e nem todos podem ser satisfeitos ao mesmo tempo. No entanto, ela dá um jeito – graças aos recursos computacionais (também conhecidos como inteligência) que faltam aos grilos.

Organizados pela consciência funcional, esses recursos incluem: aprendizagem perceptiva; planejamento preventivo; atribuição padrão; raciocínio contrafactual; e programação de ações controladas pela emoção. Realmente, no livro *Elbow Room* [Espaço de manobra], Dennett utiliza esses conceitos – e uma série de exemplos eloquentes – para explicar a liberdade humana. Portanto, a IA ajuda a compreender como o nosso próprio livre-arbítrio é possível.

Determinismo e indeterminismo são, em grande medida, uma tentativa de desviar a atenção. Existe um elemento de indeterminação na ação humana, mas ele não pode ocorrer no momento da decisão, pois isso comprometeria a responsabilidade moral. No entanto, ele poderia afetar as reflexões que surgem durante a deliberação. O agente pode ou não pensar em $x$, ou ser lembrado de $y$ – onde $x$ e $y$ contêm fatos e valores morais. Por exemplo: quando alguém escolhe um presente de aniversário, pode ser influenciado ao perceber acidentalmente algo que o faz lembrar que o destinatário do presente gosta da cor púrpura ou defende os direitos dos animais.

Todos os recursos computacionais recém-enumerados estariam disponíveis para uma AGI de nível humano. Portanto, a menos que o livre-arbítrio tivesse de envolver a consciência *fenomenal* (e se rejeitarmos as análises computacionais dela), parece que a nossa AGI imaginária teria liberdade. Se conseguíssemos entender que a AGI tem vários motivos que são *importantes* para ela, então se poderia até diferenciar entre ela escolher "livremente" ou "sob coação". No entanto, esse "se" tem um peso muito grande.

Quanto ao ego, os pesquisadores de IA destacam o papel da computação *recursiva*, em que um processo pode agir sobre si mesmo. Muitos enigmas filosóficos tradicionais referentes ao autoconhecimento (e ao autoengano) podem ser desfeitos por essa ideia familiar à IA.

Mas autoconhecimento é conhecimento *de quê?* Alguns filósofos negam a realidade do ego, mas os pensadores influenciados pela IA, não. Eles o consideram um tipo específico de máquina virtual.

Para eles, o ego é uma estrutura computacional permanente que organiza e racionaliza as ações do agente – especialmente suas ações voluntárias cuidadosamente ponderadas. (O inventor do Lida, por exemplo, o descreve como "o contexto permanente da experiência, que organiza e estabiliza experiências em muitos contextos locais diferentes".) Ele não está presente no bebê recém-nascido, mas é uma construção que leva a vida toda – acessível, até certo ponto, à automodelagem deliberada. Além disso, sua multidimensionalidade torna possível uma variação muito grande, gerando atividades *individuais* reconhecíveis e idiossincrasias *pessoais*.

Isso é possível porque a teoria da mente do agente (que inicialmente interpreta o comportamento dos outros) é aplicada, de maneira reflexiva, a seus próprios pensamentos e ações.

Estes, por sua vez, são organizados de acordo com preferências individuais, relacionamentos pessoais e valores morais/políticos de longa duração. Essa arquitetura computacional possibilita a construção tanto da *autoimagem* (representando o tipo de pessoa que acreditamos ser) como da *autoimagem ideal* (o tipo de pessoa que gostaríamos de ser), além das ações e emoções baseadas nas diferenças entre as duas.

Dennett (fortemente influenciado por Minsky) chama o ego [*self*] de "centro da gravidade narrativa": uma estrutura (máquina virtual) que, ao contar a história de vida da própria pessoa, gera e procura explicar as suas ações – especialmente os seus relacionamentos com outras pessoas. Isso dá lugar, naturalmente, a diversos tipos de autoengano e autoinvisibilidade.

Douglas Hofstadter também descreve os egos [*selves*] como padrões autorreferenciais abstratos que se originam na e remontam causalmente à base a-semântica da atividade neural e, de maneira causal, retornam a ela. Esses padrões (máquinas virtuais) não são aspectos superficiais da pessoa. Pelo contrário, para que o ego exista, *basta* que aquele padrão ocorra concretamente.

Em suma: a decisão de considerar que as AGIs podem ter uma inteligência de nível humano *de verdade* – que envolva moralidade, liberdade e ego – seria um grande passo, com consequências práticas significativas. Aqueles cuja intuição rejeita completamente a ideia como sendo basicamente equivocada podem muito bem estar certos. Infelizmente, a sua intuição não pode se apoiar em argumentos filosóficos indiscutíveis.

Como não existe consenso sobre esses assuntos, não existem respostas fáceis.

## Mente e vida

Todas as mentes de que temos notícia são encontradas em organismos vivos. Muitas pessoas – incluindo os ciberneticistas (ver Capítulos 1 e 5) – acreditam que isso *tem* de ser assim. Ou seja, elas acreditam que a mente pressupõe necessariamente a vida.

Filósofos profissionais às vezes fazem essa afirmação de maneira explícita, mas raramente saem em defesa dela. Putnam, por exemplo, disse que é um "fato incontestável" que, se um robô não está vivo, então ele não pode ser consciente. Porém, não apresentou nenhuma razão científica, confiando, em vez disso, nas "regras semânticas da nossa língua". Mesmo os poucos – como o filósofo ambientalista Hans Jonas e, recentemente, o físico Karl Friston, por meio do seu "princípio da energia livre", claramente cibernético – que têm defendido há tempos essa teoria não a demonstraram de maneira incontestável.

Imaginemos, contudo, que esse ponto de vista compartilhado esteja correto. Se estiver, então a verdadeira inteligência só pode ser alcançada pela IA se a verdadeira vida também for alcançada. Temos de perguntar, então, se a "vida artificial forte" (a vida no ciberespaço) é possível.

Não existe uma definição de vida que seja aceita universalmente. Contudo, para que haja vida, nove características são geralmente mencionadas: auto-organização, autonomia, emergência, adaptação, sensibilidade, reprodução, evolução e metabolismo. Como as oito primeiras podem ser compreendidas em termos de processamento de informações, elas poderiam, em princípio, ser exemplificadas concretamente pela IA/vida artificial. A auto-organização, por exemplo – que, em sua acepção mais ampla, inclui todas as outras –, foi alcançada de diversas maneiras (ver Capítulos 4 e 5).

Mas o metabolismo é diferente. Ele pode ser *moldado* por computadores, mas estes não conseguem apresentar um *exemplo concreto*. Nem os robôs que se montam sozinhos nem a vida artificial virtual (na tela) conseguem realmente metabolizar. Metabolismo é o uso de substâncias bioquímicas e de trocas de energia para construir, e manter, o organismo. Portanto, ele é irredutivelmente físico. Defensores da vida artificial forte chamam a atenção para o fato de que computadores usam energia, e que alguns robôs têm estoques de energia *individuais* que precisam ser reabastecidos regularmente. Mas existe uma grande distância entre isso e o uso flexível de ciclos bioquímicos conectados para construir a estrutura física do organismo.

Portanto, se o metabolismo é indispensável para a vida, então a vida artificial forte é impossível. E se a vida é indispensável para a mente, então a IA forte também é impossível. Por mais impressionante que seja o desempenho de uma futura AGI, ela não teria, *realmente*, inteligência.

## O grande divisor de águas filosófico

Filósofos "analíticos", e também pesquisadores de IA, têm como certo que *alguma* psicologia científica é possível. Na verdade, essa posição tem sido assumida ao longo deste livro – incluindo este capítulo.

Fenomenologistas, porém, rejeitam essa hipótese. Eles argumentam que todos os nossos conceitos científicos *emergem da* consciência significante; portanto, não podem ser usados para *explicá-la*. O próprio Putnam tinha aceitado essa posição pouco antes de morrer. Os fenomenologistas chegam até a afirmar que é um absurdo postular um mundo real que exista independentemente do pensamento humano, cujas características objetivas a ciência pode descobrir.

Portanto, a falta de consenso acerca da natureza da mente/inteligência é ainda mais profunda do que eu indiquei até agora.

Não existe nenhum argumento decisivo contra o ponto de vista dos fenomenologistas – nem a favor. Isso porque não existe um ponto em comum a partir do qual se possa construir um argumento. Cada lado se defende e critica o outro, mas utilizando argumentos cujos termos fundamentais não são mutuamente acordados. A filosofia analítica e a filosofia fenomenológica dão interpretações essencialmente diferentes até mesmo de conceitos básicos como *razão* e *verdade*. (O cientista de IA Brian Cantwell Smith propôs uma ambiciosa metafísica da *computação*, *da intencionalidade* e dos *objetos* que pretende respeitar os *insights* de ambos os lados; infelizmente, sua argumentação instigante não é convincente.)

A controvérsia permanece sem solução – e talvez seja insolúvel. Para alguns, a posição dos fenomenologistas é "obviamente" correta. Para outros, ela é "obviamente" absurda. Essa é mais uma das razões de *ninguém saber*, ao certo, se uma AGI realmente poderia ser inteligente.

# Capítulo 7
## A singularidade

O futuro da IA tem sido inflado artificialmente desde a sua origem. Previsões excessivamente entusiásticas de (alguns) profissionais de IA têm empolgado, e às vezes aterrorizado, jornalistas e comentaristas de cultura. O principal exemplo disso hoje é a singularidade: o momento em que as máquinas se tornarão mais inteligentes que os seres humanos.

Dizem que, primeiro, a IA vai atingir o nível humano de inteligência. (Supõe-se, tacitamente, que essa seria uma inteligência *de verdade* – ver Capítulo 6.) Logo depois, a AGI vai se transformar em ASI (sigla em inglês de inteligência artificial sobre-humana). Pois os sistemas serão suficientemente inteligentes para se autorreproduzirem e, portanto, nos superarem em número – e se autoaperfeiçoarem e, portanto, nos superarem em inteligência. A maioria dos problemas e das decisões ficará, então, a cargo dos computadores.

Essa ideia é extremamente polêmica. As pessoas discordam sobre a possibilidade de ela acontecer, sobre a probabilidade de ela acontecer, sobre a admissibilidade de ela acontecer, e se ela seria algo bom ou ruim.

Os partidários da singularidade argumentam que os avanços da IA tornam a singularidade inevitável. Alguns dão as boas-vindas a isso, prevendo que os problemas da humanidade serão resolvidos. Guerra, doenças, fome, tédio e até mesmo a morte pessoal... tudo banido. Outros preveem o fim da humanidade – ou, de qualquer modo, da vida civilizada como a conhecemos. Em maio de 2014, Stephen Hawking (ao lado de Stuart Russell, coautor do principal manual sobre IA) provocou uma enorme celeuma internacional quando disse que ignorar a ameaça da IA seria "possivelmente nosso maior equívoco de todos os tempos".

Por outro lado, os descrentes na singularidade não esperam que ela aconteça – e, certamente, não em um futuro próximo. Eles admitem que a IA oferece muitos motivos de preocupação, mas não veem uma ameaça existencial.

## Profetas da singularidade

Embora a ideia de transição da AGI para a ASI tenha se tornado recentemente um lugar-comum na mídia, ela teve origem em meados do século XX. Seus principais introdutores foram "Jack" Good (um decifrador de códigos colega de Alan Turing em Bletchley Park), Vernor Vinge e Ray Kurzweil. (O próprio Turing tinha previsto que "as máquinas assumiriam o controle", mas não se estendeu sobre o assunto.)

Em 1965, Good previu uma máquina superinteligente que "superaria de longe as atividades intelectuais de qualquer pessoa, por mais inteligente que ela fosse". Como conseguiria projetar máquinas ainda melhores, ela "certamente [levaria a] uma explosão de inteligência". Na época, Good foi cautelosamente otimista: "A primeira máquina superinteligente é a última invenção que o ser humano precisará fazer — *contanto que a máquina seja suficientemente submissa para nos dizer como mantê-la sob controle*". Posteriormente, contudo, ele afirmou que as máquinas superinteligentes nos destruiriam.

Um quarto de século mais tarde, Vinge popularizou o termo "singularidade" (introduzido, nesse contexto, por John von Neumann em 1958). Em um artigo, ele previu "The Coming Technological Singularity" [O advento da singularidade tecnológica], diante do qual todas as previsões cairão por terra (compare com o horizonte de eventos — conhecido popularmente como "ponto de não retorno" — de um buraco negro).

Ele admitiu que a própria singularidade *pode* ser prevista: na verdade, ela é inevitável. Porém, entre as inúmeras consequências (desconhecidas) pode estar a destruição da civilização e até mesmo da espécie humana. Estamos nos dirigindo para "um abandono de todas as regras anteriores, talvez num piscar de olhos, uma fuga exponencial além de qualquer esperança de controle". Mesmo se *todos* os governos percebessem o perigo e tentassem evitá-lo, disse ele, não conseguiriam.

Kurzweil se opõe ao pessimismo de Vinge e (finalmente) de Good. Ele não oferece apenas um otimismo empolgante, mas também datas.

Seu livro, cujo título revelador *The Singularity Is Near* [A singularidade está próxima] sugere que a AGI será alcançada perto de 2020 – e que por volta de 2045 a ASI (associada à nanotecnologia e à biotecnologia) terá derrotado as guerras, as doenças, a pobreza e a morte pessoal. Ela também terá produzido "uma explosão na arte, na ciência e em outras formas de conhecimento que... tornarão a vida realmente significativa". Por volta de meados do século, também, nós estaremos vivendo em realidades virtuais de estimulação multissensorial extremamente mais ricas e satisfatórias que o mundo real. Para Kurzweil, "*A singularidade*" realmente é singular, e "*próxima*" realmente quer dizer próxima.

(Este hiperotimismo às vezes é matizado. Kurzweill faz uma lista de um grande número de riscos existenciais, provenientes, em grande medida, da biotecnologia baseada em IA. Com relação à IA em si, ele diz: "A inteligência é intrinsecamente impossível de controlar... Não é factível hoje imaginar estratégias que assegurem, de forma absoluta, que a IA futura incorpore a ética e os valores humanos".)

O argumento de Kurzweil se baseia na "Lei de Moore", a observação – feita por Gordon Moore, que fundou a Intel – de que a capacidade computacional a que se tem acesso com um dólar dobra a cada ano. (As leis da física acabarão derrubando a Lei de Moore, mas não num futuro próximo.) Como Kurzweil mostra, *todo* aumento exponencial é extremamente contraintuitivo. Nesse caso, diz ele, isso significa que a IA vai avançar a uma velocidade inimaginável. Portanto, como Vinge, ele insiste que as expectativas construídas a partir de experiências passadas são praticamente inúteis.

## Previsões concorrentes

Apesar de serem declaradas praticamente inúteis, as previsões pós-singularidade continuam sendo feitas com frequência. Encontramos um monte de exemplos surpreendentes na literatura, dos quais apenas alguns podem ser mencionados aqui.

Os partidários da singularidade dividem-se em dois grupos: os pessimistas (adeptos de Vinge) e os otimistas (adeptos de Kurzweil). Eles concordam, em sua maioria, que a transição AGI-ASI vai acontecer muito antes do final deste século. Mas discordam sobre quão exatamente perigosa a ASI será.

Por exemplo, alguns preveem que robôs maldosos farão tudo que estiver ao seu alcance para sabotar as expectativas e as vidas dos seres humanos (uma metáfora comum na ficção científica e nos filmes de Hollywood). A ideia de que seria possível "tirá-los da tomada" em caso de necessidade é explicitamente rejeitada. As ASIs, dizem eles, seriam suficientemente astutas para tornar isso impossível.

Outros afirmam que as ASIS não serão mal-intencionadas, *mas, de todo modo, serão extremamente perigosas*. Nós não incutiríamos nelas o ódio aos seres humanos, e não há motivo para que elas o fomentassem por si mesmas. Em vez disso, elas nos tratarão com indiferença, do mesmo modo que fazemos com a maioria das espécies não humanas. Porém, essa indiferença poderia representar a nossa ruína, se nossos interesses entrassem em conflito com os objetivos delas: o *Homo sapiens* teria o mesmo destino do pássaro dodô. No experimento mental bastante citado de Nick Bostrom, uma ASI cujo objetivo fosse fabricar clipes de papel vasculharia os átomos em corpos humanos para alcançar seu intento.

Ou, ainda, pensem numa estratégia geral que às vezes é sugerida como proteção contra as ameaças da singularidade: a *contenção*. Nesse caso, uma ASI é impedida de agir diretamente sobre o mundo, embora ela possa percebê-lo diretamente. Ela é utilizada somente para responder a nossas perguntas (o que Bostrom chama de "Oráculo"). No entanto, o mundo inclui a internet, e as ASIs poderiam provocar mudanças de maneira indireta, contribuindo com conteúdo – fatos, calúnias, vírus de computador – para a internet.

Outra forma de pessimismo em relação à singularidade prevê que as máquinas vão nos induzir a fazer o trabalho sujo delas, mesmo que isso contrarie os interesses da humanidade. Esse ponto de vista despreza a ideia de que conseguiríamos "conter" os sistemas ASI isolando-os do mundo. Diz-se que uma máquina superinteligente poderia usar suborno ou ameaças para convencer um dos poucos seres humanos ao qual às vezes está conectada a fazer coisas que ela é incapaz de fazer diretamente.

Essa preocupação específica pressupõe que a ASI terá aprendido o suficiente a respeito da psicologia humana para saber quais subornos e ameaças têm maior probabilidade de funcionar e, possivelmente também, quais indivíduos têm maior probabilidade de serem vulneráveis a um determinado tipo de persuasão. Diante da objeção de que essa suposição não é digna de crédito, eles retrucam dizendo que subornos financeiros feitos às claras ou ameaças de morte funcionam com quase todo mundo – portanto, a ASI não precisaria ter *insights* psicológicos dignos de Henry James. Também não precisaria *compreender*, em termos humanos, o que *persuasão*, *suborno* e *ameaça* realmente significam. Bastaria que ela soubesse que, ao alimentar um ser humano com determinados textos de PLN, ela provavelmente influenciaria seu comportamento de maneira claramente previsível.

Algumas das previsões otimistas são ainda mais ambiciosas. Talvez as mais impressionantes sejam as de Kurzweil de viver num mundo virtual e de eliminar a morte pessoal. A morte física, embora bastante adiada (pela biociência baseada em ASI), continuaria existindo. Mas o aguilhão da morte poderia ser arrancado por meio do download em computadores das personalidades e das recordações dos indivíduos.

Essa suposição filosoficamente problemática, de que alguém poderia existir em forma de silício ou de neuroproteína (ver Capítulo 6), está refletida no subtítulo do seu livro de 2005: *A singularidade está próxima – Quando os humanos transcendem a biologia*. Kurzweil estava expressando sua visão "singularitariana" – também conhecida como trans-humanismo ou pós-humanismo – de um mundo que contenha parcialmente, ou mesmo inteiramente, pessoas não biológicas.

Dizem que esses "ciborgues" trans-humanistas terão vários implantes computadorizados diretamente conectados ao cérebro, além de próteses no lugar dos membros e/ou dos órgãos dos sentidos. A cegueira e a surdez serão banidas, porque os sinais visuais e auditivos serão interpretados através do tato. E, sobretudo, a cognição racional (bem como os humores) será aperfeiçoada por meio de drogas especialmente concebidas.

Versões rudimentares dessas tecnologias assistivas já estão entre nós. Se elas proliferarem como Kurzweil sugere, nosso conceito de humanidade será profundamente modificado. Em vez de considerar as próteses como acessórios úteis para o corpo humano, elas serão consideradas como partes do corpo (trans-)humano. Drogas psicotrópicas amplamente utilizadas serão arroladas ao lado de substâncias naturais como dopamina em descrições "do cérebro". E a inteligência, a força ou a beleza superior de indivíduos geneticamente projetados serão consideradas características "naturais". Teorias políticas sobre o igualitarismo e a democracia serão questionadas. Pode ser até que uma nova subespécie (ou espécie?) se desenvolva, a partir de ancestrais humanos suficientemente ricos para explorar essas possibilidades.

Resumindo: espera-se que a evolução biológica seja substituída pela evolução tecnológica. Para Kurzweil, a singularidade é "o ápice da fusão do nosso pensamento e da nossa existência biológicas com a nossa tecnologia, resultando em um mundo [no qual] não haverá distinção [...] entre ser humano e máquina, ou entre realidade física e realidade virtual". (Tudo bem se você sentir que precisa respirar profundamente.)

O trans-humanismo é um exemplo radical de como a IA pode transformar as ideias a respeito da natureza humana. Uma filosofia menos radical, que incorpora a tecnologia ao próprio conceito de *mente*, é "a mente estendida"; para ela, a mente está espalhada por todo o mundo, incluindo processos cognitivos que dependem dele. Apesar de a ideia de mente estendida ter tido uma grande influência, o mesmo não aconteceu com o trans-humanismo. Ele tem sido entusiasticamente endossado por alguns filósofos, comentaristas de cultura e artistas, mas nem todos os partidários da singularidade o aceitam.

## Em defesa do ceticismo

Na minha opinião, os céticos da singularidade têm razão. A discussão a respeito da mente como máquina virtual, feita no Capítulo 6, sugere que, *em princípio*, não existe nenhum obstáculo para a inteligência de nível humano (com a possível exceção da consciência fenomenal). A questão aqui é saber se isso é provável *na prática*.

Além da implausibilidade intuitiva de muitas previsões da pós-singularidade, e do fato de que a filosofia trans-humanista é quase absurda (na minha opinião), os céticos da singularidade têm outros argumentos a seu favor.

A IA é menos promissora do que muita gente imagina. Os capítulos de 2 a 5 citaram um grande número de coisas que a atual IA *não consegue* fazer. Muitas exigem um senso humano de *relevância* (e pressupõem tacitamente a conclusão da web semântica – ver Capítulo 2). Além disso, a IA tem se concentrado na racionalidade intelectual, enquanto ignora a inteligência social/emocional – sem falar no bom senso. Uma AGI que fosse capaz de interagir plenamente com o nosso mundo também precisaria dessas habilidades. Acrescente-se a isso a prodigiosa riqueza da mente humana, e a necessidade de teorias psicológicas/computacionais adequadas sobre o seu funcionamento, e chegaremos à conclusão de que as perspectivas de uma AGI de nível humano não parecem boas.

Mesmo que ela fosse viável na prática, é duvidoso que o financiamento necessário se materializaria. Os governos estão destinando atualmente um enorme volume de recursos para os projetos de emulação do cérebro (ver a próxima seção), mas a quantidade de dinheiro necessária para construir mentes humanas artificiais seria ainda muito maior.

Graças à Lei de Moore, podemos contar com novos avanços na IA. Mas o aumento de capacidade computacional e de disponibilidade de dados (considerando o armazenamento em nuvem e os sensores ligados 24 horas por dia através de toda a internet das coisas) não garantirá uma IA de feições humanas. Uma má notícia para os defensores da singularidade, porque a ASI precisa, antes de mais nada, da AGI.

Os defensores da singularidade não fazem caso das limitações da IA. Eles simplesmente não se importam, porque têm um trunfo: a ideia de que o avanço da tecnologia exponencial está mudando todas as regras. Isso os autoriza a fazer previsões à vontade, admitindo, às vezes, que previsões para o final do século podem ser irrealistas. Eles insistem, no entanto, que "nunca" é muito tempo.

De fato, *nunca* é muito tempo. Portanto, os céticos da singularidade, entre os quais eu me incluo, podem estar errados. Eles não têm nenhum argumento decisivo – especialmente se admitirem, *em princípio*, a possibilidade da AGI (como eu faço). Podem até ser convencidos de que a singularidade, embora com um grande atraso, acabará se concretizando.

Não obstante, uma análise cuidadosa da IA de ponta oferece bons motivos para apoiar a hipótese dos céticos (ou a *aposta* deles, se preferirem), em vez das especulações extravagantes dos defensores da singularidade.

## Emulação completa do cérebro

Os defensores da singularidade preveem um avanço tecnológico exponencial da IA, da biotecnologia e da nanotecnologia – e da cooperação entre elas. Na verdade, isso já está acontecendo. Análises de Big Data estão sendo utilizadas para fazer avançar a engenharia genética e o desenvolvimento de drogas, além de muitos outros projetos baseados na ciência (em defesa de Ada Lovelace – ver Capítulo 1). Igualmente, a IA e a neurociência estão sendo associadas na emulação completa do cérebro (ECC).

O objetivo da ECC é imitar um cérebro de verdade por meio da simulação de seus componentes individuais (neurônios), juntamente com suas conexões e capacidade de processamento de informação. A expectativa é que o conhecimento científico adquirido venha a ter um grande número de aplicações, incluindo tratamentos de doenças mentais que vão do Alzheimer à esquizofrenia.

Essa engenharia reversa vai exigir computação neuromórfica, que modela processos subcelulares, como a passagem dos íons através da membrana celular (ver Capítulo 4).

A computação neuromórfica depende de conhecimentos sobre a anatomia e a fisiologia dos diferentes tipos de neurônio. Mas a ECC também vai precisar de evidências detalhadas acerca das conexões e da funcionalidade neuronais específicas, incluindo o *timing*. Grande parte disso exigirá uma tomografia cerebral refinada, com sondas neurais miniaturizadas monitorando ininterruptamente os neurônios individuais.

Diversos projetos de ECC estão em andamento, sendo muitas vezes comparados por seus patrocinadores ao Projeto do Genoma Humano ou à corrida para a Lua. Em 2013, por exemplo, a União Europeia apresentou o Projeto do Cérebro Humano, orçado em 1 bilhão de libras. No final daquele ano, o presidente dos EUA Barack Obama anunciou o Brain, um projeto de dez anos de duração que conta com um financiamento de 3 bilhões de dólares do governo estadunidense (mais um volume importante de recursos privados). Seu primeiro objetivo é criar um mapa dinâmico da conectividade do cérebro do rato e, em seguida, emular o caso humano.

As primeiras tentativas de emulação *parcial* do cérebro também foram financiadas pelo governo. Em 2005, a Suíça patrocinou o projeto *Blue Brain* – inicialmente, para simular a coluna cortical de um rato, mas com o objetivo, no longo prazo, de modelar o milhão de colunas no neocórtex humano. Em 2008, a Darpa (sigla em inglês de Agência de Projetos de Pesquisa Avançada de Defesa) forneceu cerca de 40 milhões de dólares para o SyNAPSE (Systems of Neuromorphic Adaptive Plastic Scalable Electronics, Sistema Neuromórfico de Eletrônicos Plásticos Adaptativos Escalonáveis); em 2014 – e com mais 40 milhões de dólares de investimento –, o sistema estava utilizando chips que continham 5,4 bilhões de transistores, cada um com 1 milhão de unidades (neurônios) e 256 milhões de sinapses. Além disso, a Alemanha e o Japão estão colaborando na utilização da Nest (sigla em inglês de Tecnologia de Simulação Neural) para desenvolver o computador K; em 2012, ele estava levando quarenta minutos para simular um segundo de 1% da atividade do cérebro de verdade, envolvendo 1,73 bilhão de "neurônios" e 10,4 trilhões de "sinapses".

Por ser muito cara, a ECC de mamíferos é rara. Mas inúmeras tentativas de mapear cérebros muito menores estão acontecendo no mundo todo (em minha própria universidade, o foco são as abelhas melíferas). É possível que elas forneçam *insights* neurocientíficos que podem ajudar o ECC de escala humana.

Considerando-se o progresso em hardware que já foi alcançado (os chips da SyNAPSE, p. ex.), além da Lei de Moore, a previsão de Kurzweil de que computadores com a mesma capacidade de processamento natural do cérebro humano vão existir na década de 2020 é plausível. Mas a sua convicção de que eles vão igualar a inteligência humana em 2020 é outra questão.

Pois, nesse caso, é a máquina *virtual* que é crucial (ver Capítulos 1 e 6). Algumas máquinas virtuais só podem ser implantadas em um hardware extremamente potente. Portanto, chips de computador megatransistorizados podem muito bem ser necessários. Mas exatamente que cálculos eles irão executar? Em outras palavras, exatamente que máquinas virtuais serão implantadas neles? Para se equiparar à inteligência humana (ou mesmo à do rato), elas precisarão ser *informacionalmente* potentes, de um modo que os psicólogos computacionais ainda não compreendem inteiramente.

Suponhamos – o que me parece improvável – que cada neurônio do cérebro humano seja, finalmente, mapeado. Isso não vai nos revelar, por si só, o que eles estão *fazendo*. (O minúsculo verme nematoide C. *elegans* tem somente 302 neurônios, cujas conexões são conhecidas de maneira precisa. Mas não conseguimos nem mesmo identificar se suas sinapses são excitatórias ou inibitórias.)

Quanto ao córtex visual, já dispomos de um mapeamento razoavelmente detalhado das funções neuroanatômica e psicológica. Mas o mesmo não acontece em relação ao neocórtex em geral. Particularmente, não sabemos muito sobre o que o córtex central faz – ou seja, que máquinas virtuais estão implantadas nele. Essa não é uma questão importante no ECC de larga escala. O Projeto do Cérebro Humano, por exemplo, adotou firmemente uma abordagem de baixo para cima: observem a anatomia e a bioquímica e imitem-nas. Questões de cima para baixo, acerca das funções psicológicas que o cérebro possa estar apoiando, são deixadas em segundo plano (existe um número muito pequeno de neurocientistas cognitivos envolvidos.) Mesmo se a modelagem anatômica fosse plenamente alcançada, e as mensagens químicas cuidadosamente monitoradas, essas questões de cima para baixo não seriam respondidas.

As respostas exigiriam uma grande variedade de conceitos computacionais. Além disso, um tópico fundamental é a arquitetura computacional da mente (ou mente-cérebro) *como um todo*. Vimos no Capítulo 3 que o planejamento de ações em criaturas com inúmeras motivações exige mecanismos complexos de programação – como os fornecidos pelas emoções. Além disso, a discussão no Capítulo 6 a respeito do Lida mostrou que o processamento cortical é extremamente complexo. Até mesmo uma atividade banal como comer com garfo e faca exige a integração de inúmeras máquinas virtuais – algumas lidando com objetos físicos (músculos, dedos, utensílios, vários tipos de sensores), outras com intenções, planos, expectativas, desejos, convenções sociais e preferências. Para compreender como essa atividade é possível, não precisamos apenas de dados neurocientíficos sobre o cérebro, mas também de teorias computacionais detalhadas sobre os processos psicológicos envolvidos.

Resumindo: considerada como um caminho para compreender a inteligência humana, é provável que a ECC de baixo para cima fracasse. Ela pode nos ensinar muito sobre o cérebro, além de poder ajudar cientistas de IA a desenvolver outras aplicações práticas. Mas a ideia de que, em meados deste século, a ECC terá explicado a inteligência humana é uma ilusão.

## Com o que devemos nos preocupar

Se os céticos da singularidade estiverem certos, e não houver singularidade no futuro, isso não significa que não há com o que se preocupar. A IA já é motivo de preocupação hoje, e avanços futuros certamente vão piorar esse quadro; portanto, a ansiedade com relação à segurança de longo prazo da IA não é inteiramente fora de propósito. Mais importante: também precisamos ficar atentos a suas influências no curto prazo.

Algumas preocupações são muito genéricas. Por exemplo: qualquer tecnologia pode ser usada para o bem ou para o mal. Pessoas mal-intencionadas utilizam todos os instrumentos disponíveis – e às vezes financiam o desenvolvimento de novos instrumentos – para agir de má-fé. (O CYC, por exemplo, pode ser útil para malfeitores, e seus criadores já estão pensando numa forma de limitar o acesso ao sistema completo quando ele for lançado – ver Capítulo 2). Por isso, precisamos ter muito cuidado com aquilo que inventamos.

Como ressalta Stuart Russell, isso não significa apenas ser cuidadoso com os nossos *objetivos*. Se houver dez parâmetros relevantes para um problema, e a aprendizagem automática estatisticamente otimizada (ver Capítulo 2) considerar apenas seis, então os outros quatro poderão ser – e provavelmente serão – empurrados para os extremos. Consequentemente, também precisamos ficar vigilantes quanto *aos tipos de dados* que estão sendo usados.

A preocupação mais comum diz respeito ao problema do frame (ver Capítulo 2). Como o pescador do conto de fadas cujo desejo de que o filho soldado voltasse para casa foi atendido – e o filho voltou, só que dentro de um caixão –, o fato de sistemas poderosos de IA não compartilharem a nossa interpretação do que é *relevante* pode nos brindar com uma desagradável surpresa.

Por exemplo: quando, durante a Guerra Fria, um sistema de radar americano recomendou (em 5 de outubro de 1960) um ataque defensivo contra a URSS, o que impediu a tragédia foi o senso de relevância – tanto político como humanitário – dos operadores. Eles avaliaram que os soviéticos tinham se mostrado especialmente desafiadores na ONU nos últimos tempos, e recearam as consequências horríveis de um ataque nuclear. Portanto, violando os protocolos, eles ignoraram o alerta automático. Aconteceram várias outras situações como essa; algumas, recentemente. Em geral, a escalada só foi evitada pelo bom senso das pessoas.

Além disso, o erro humano sempre é possível. Às vezes, é compreensível. (A emergência em Three Mile Island[1] ficou pior porque os humanos ignoraram o computador, mas as condições materiais que eles estavam enfrentando eram *extremamente* raras.) Mas pode ser incrivelmente inesperado. O alerta da Guerra Fria mencionado no parágrafo anterior aconteceu porque alguém tinha se esquecido dos anos bissextos ao programar o calendário – portanto, o mês lunar estava no lugar "errado". Mais um motivo, portanto, para testar e (se possível) comprovar a confiabilidade de programas de IA antes de utilizá-los.

Outras preocupações são mais específicas. Algumas deveriam nos incomodar hoje.

Uma ameaça importante é o desemprego tecnológico. Muitos trabalhos braçais e de baixo escalão nos escritórios desapareceram, e outros terão o mesmo destino (embora continuem existindo trabalhos braçais que exijam habilidade e capacidade de adaptação). Nos armazéns, a maioria das tarefas de erguer, deslocar e transportar carga pode ser feita agora por robôs. E veículos sem motorista significarão pessoas desempregadas.

Os cargos médios de gerência também correm perigo. Muitos profissionais já estão utilizando sistemas de IA como auxiliares. Não vai demorar muito para que os empregos (nas áreas do direito e da contabilidade, por exemplo) que envolvam

---

1 O acidente de Three Mile Island foi um derretimento nuclear parcial da Unidade 2 da central nuclear de Three Mile Island, perto de Harrisburg, Pensilvânia, em 28 de outubro de 1979. [N. T.]

pesquisas demoradas sobre regulamentos e precedentes possam ser assumidos, em grande medida, pela IA. Tarefas mais exigentes, incluindo muitas nas áreas da medicina e da ciência, muito em breve serão afetadas também. Os empregos que não forem eliminados precisarão de trabalhadores menos especializados. E a capacitação profissional será afetada: como os jovens vão aprender a fazer avaliações sensatas?

Embora alguns empregos na área do direito venham a se tornar supérfluos, os advogados também vão se beneficiar com a IA, porque um monte de armadilhas legais está à espreita. Se algo der errado, quem deve ser responsabilizado: o programador, o atacadista, o varejista ou o usuário? E será que um profissional humano poderá ser processado às vezes por *não* utilizar um sistema de IA? Se o sistema tivesse se mostrado (matemática ou empiricamente) extremamente confiável, a apresentação de uma demanda judicial seria muito provável.

Certamente irão aparecer novos tipos de trabalho. Mas é duvidoso que eles sejam equivalentes em quantidade, acessibilidade educacional e/ou poder aquisitivo (como aconteceu depois da Revolução Industrial).

Os empregos no setor de "serviços" estão menos ameaçados, embora até mesmo eles corram perigo. Num mundo ideal, a oportunidade de multiplicar e elevar o nível das atividades que envolvem contato pessoal, atualmente subvalorizadas, seria agarrada com entusiasmo. No entanto, isso não está garantido.

Por exemplo: a educação está sendo franqueada a auxiliares pessoais e/ou baseados na IA – entre os quais os cursos on-line abertos e massivos (MOOCs, na sigla em inglês), que oferecem conferências feitas por celebridades do mundo acadêmico – que baixam o nível de especialização dos empregos dos professores humanos. Programas computadorizados de psicoterapia já estão disponíveis, a um preço muito inferior ao dos terapeutas humanos. (Surpreendentemente, alguns são bastante úteis – para identificar a depressão, por exemplo.) No entanto, eles são totalmente desregulamentados. Além disso, vimos no Capítulo 3 que as mudanças demográficas estão estimulando as pesquisas no setor potencialmente lucrativo de "cuidadores" artificiais para os idosos, bem como dos "robôs-babás".

Para além de qualquer efeito sobre o desemprego, a utilização de sistemas de IA desprovidos de empatia nesses contextos essencialmente humanos é arriscada na prática e eticamente questionável. Muitos "robôs para o acompanhamento pessoal" foram concebidos para serem utilizados por pessoas idosas e/ou inválidas que só têm um contato pessoal mínimo com os poucos seres humanos com os quais elas se encontram. Esses robôs foram projetados não apenas como fontes de ajuda e entretenimento, mas também de conversa, sociabilidade e conforto emocional. Se a pessoa vulnerável fica mais feliz com essa tecnologia (como os usuários do *Paro* ficam), sua dignidade humana é insidiosamente traída. (Nesse caso, as diferenças culturais são importantes: as posturas em relação aos robôs variam muito entre o Japão e o Ocidente, por exemplo.)

Os usuários idosos podem gostar de discutir suas lembranças pessoais com uma companhia artificial. Mas será que isso é realmente uma *discussão*? Pode ser um lembrete bem-vindo que desencadeie episódios reconfortantes de saudade. No entanto, seria possível oferecer esse auxílio sem seduzir o usuário com uma empatia ilusória. Muitas vezes, mesmo em situações de aconselhamento carregadas de emoção, o que a pessoa deseja, acima de tudo, é o *reconhecimento* da sua coragem e/ou do seu sofrimento. Porém, isso nasce de uma compreensão partilhada da condição humana. Nós estamos enganando o indivíduo ao lhe oferecer apenas um simulacro superficial de compaixão.

Mesmo que o usuário esteja com demência moderada, sua "teoria" a respeito do agente de IA é provavelmente muito mais rica do que o modelo que o agente tem do ser humano. O que aconteceria, então, se o agente não conseguisse responder conforme o esperado, e como seria *necessário*, quando a pessoa se recorda de uma perda pessoal angustiante (a morte de um filho, talvez)? Manifestações convencionais de compaixão por parte da companhia não ajudariam – e possivelmente fariam mais mal que bem. Nesse meio-tempo, a angústia da pessoa teria sido provocada sem que fosse oferecido qualquer consolo imediato.

Outra preocupação diz respeito a se a companhia deveria às vezes ficar em silêncio ou contar uma mentira inofensiva. A verdade dita de maneira impiedosa (e os silêncios repentinos) pode perturbar o usuário. A diplomacia, porém, exigiria um PLN extremamente avançado, além de um modelo sutil de psicologia humana.

Quanto aos robôs-babás (e deixando de lado as questões de segurança), o uso excessivo de sistemas de IA com bebês e crianças pequenas pode alterar seu desenvolvimento social e/ou linguístico.

Parceiros sexuais artificiais não estão presentes apenas no cinema (como no filme *Ela*, por exemplo) – eles já estão sendo comercializados. Alguns são capazes de reconhecer a voz e têm vozes e/ou movimentos sedutores. Eles aumentam a influência baseada na internet que está pervertendo atualmente as experiências sexuais das pessoas (e reforçando a objetificação sexual das mulheres). Muitos comentaristas (incluindo alguns cientistas de IA) têm escrito a respeito de encontros sexuais com robôs em termos que revelam uma concepção extraordinariamente rasa do amor pessoal, quase o confundindo com luxúria, obsessão sexual e mera familiaridade cômoda. No entanto, essas observações a título de advertência provavelmente não são eficazes. Tendo em vista a enorme lucratividade da pornografia em geral, não existe muita esperança de impedir futuros "avanços" das bonecas sexuais de IA.

A privacidade é outro assunto complicado. Ela está se tornando ainda mais controversa à medida que a pesquisa eficaz de IA e a aprendizagem de IA estão se esbaldando com dados recolhidos em meios de comunicação pessoais e em sensores caseiros e portáteis. (O Google patenteou um ursinho de pelúcia robótico com câmeras nos olhos, microfones nas orelhas e alto-falantes na boca. Ele será capaz de se comunicar com os pais e com os filhos – e, gostemos ou não, com coletores de dados invisíveis também.)

Faz tempo que a segurança cibernética é um problema. Quanto mais a IA penetrar em nosso mundo (muitas vezes de maneira não transparente), mais importante a segurança cibernética será. Uma defesa contra a tomada de poder pela ASI seria encontrar maneiras de criar algoritmos que não pudessem ser hackeados/alterados (um objetivo da "IA benévola": veja a próxima seção).

As aplicações militares também são motivo de preocupação. Os robôs antiminas são muito bem-vindos. Mas e os soldados-robôs ou as armas-robôs? Os atuais drones são acionados por seres humanos, mas, mesmo assim, eles podem aumentar o sofrimento ao ampliar a distância *humana* (não apenas geográfica) entre o operador e o alvo. Esperemos que os futuros drones não tenham a permissão de decidir quem/o que deve ser o alvo. Mesmo a convicção de que eles são capazes de *identificar* um alvo (escolhido por seres humanos) levanta questões éticas inquietantes.

## O que está sendo feito a respeito disso

Embora nenhuma dessas preocupações seja nova, até agora poucos profissionais de IA lhes deram muita atenção.

Vários pioneiros da IA levaram em consideração as implicações sociais em uma assembleia no lago de Como, em 1972, mas John McCarthy recusou-se a se juntar a eles, dizendo que era cedo demais para especular. Alguns anos depois, o cientista de computação Joseph Weizenbaum publicou o livro *O poder do computador e a razão humana*, cujo subtítulo era *Do julgamento ao cálculo*, lamentando como era "indecente" confundir os dois – mas ele foi repudiado com desdém pela comunidade de IA.

Houve algumas exceções, é claro. Por exemplo, o primeiro livro a dar uma visão geral da IA (escrito por mim, e publicado em 1977) continha um capítulo final sobre "Significado social". E em 1983 foi fundada a associação Profissionais de Computadores em Defesa da Responsabilidade social (CPSR, na sigla em inglês), em parte graças aos esforços do autor do SHRDLU, Terry Winograd (ver Capítulo 3). Mas isso foi feito principalmente para chamar a atenção para a falta de confiabilidade da tecnologia do programa Guerra nas Estrelas – o cientista de computação David Parnas chegou até a discursar no Senado americano sobre isso. Com a diminuição dos temores relacionados à Guerra Fria, a maioria dos profissionais de IA pareceu menos preocupada com a sua área. Somente alguns, como Noel Sharkey, da Universidade de Sheffield (um roboticista que preside o Comitê Internacional para o Controle de Armas Robóticas), além de alguns filósofos de IA, como Wendell Wallach, de Yale, e Blay Wintby, de Sussex, continuaram concentrados, ao longo dos anos, em questões sociais/éticas.

Agora, devido às práticas e às premissas da IA, a desconfiança ficou mais angustiante; dentro da área (e, até certo ponto, fora dela) as implicações sociais estão recebendo mais atenção.

Algumas respostas importantes não têm nada a ver com a singularidade. Faz tempo, por exemplo, que a ONU e o

Observatório dos Direitos Humanos defendem que se faça um tratado (que ainda não foi assinado) banindo armas totalmente autônomas, como drones que escolhem alvos. Além disso, alguns corpos de profissionais com uma longa história revisaram recentemente suas prioridades de pesquisa e/ou códigos de conduta. Mas os rumores sobre a singularidade trouxeram mais colaboradores para o debate.

Muitas pessoas – tanto defensores como céticos da singularidade – argumentam que, mesmo se a probabilidade de que a singularidade exista for extremamente pequena, as possíveis consequências são tão sérias que deveríamos começar a nos precaver agora. Apesar da afirmação de Vinge de que nada pode ser feito a respeito da ameaça existencial, foram criadas várias instituições de proteção contra ela.

Entre elas estão o Centro para o Estudo do Risco Existencial (CSER, na sigla em inglês), em Cambridge, o Instituto do Futuro da Humanidade (FHI, na sigla em inglês), em Oxford – ambos no Reino Unido –, e o Instituto do Futuro da Vida, em Boston, e o Instituto de Pesquisa de Inteligência de Máquina (Miri, na sigla em inglês), em Berkeley – ambos nos EUA.

Essas organizações são financiadas, em grande medida, por patronos da IA. O CSER e o FLI, por exemplo, foram cofundados por Jan Tallinn, cocriador do Skype. Além de se manter em contato com profissionais de IA, as duas instituições tentam alertar os formuladores de políticas e outros membros influentes da sociedade para os perigos existentes.

O ex-presidente da Associação Americana para o Avanço da IA (Eric Horvitz) organizou um pequeno painel em 2009 para discutir que precauções poderiam ser necessárias para orientar, ou mesmo *adiar*, as pesquisas de IA socialmente problemáticas. O painel aconteceu, de propósito, em Asilomar, Califórnia, onde alguns anos antes geneticistas profissionais tinham chegado a um acordo sobre uma moratória de determinadas pesquisas genéticas. No entanto, como membro do grupo, fiquei com a impressão de que nem todos os participantes estavam realmente preocupados com o futuro da IA. O relatório final não teve muita cobertura da mídia.

Um encontro com o mesmo objetivo, mas maior (seguindo as regras de Chatham House, e sem a presença de jornalistas), foi convocado pelo FLI e pelo CSER para ocorrer em Porto Rico, em janeiro de 2015. Seu organizador, Mag Tegmark, tinha coassinado a carta ameaçadora, juntamente com Russell e Hawking, seis meses antes. Não causou surpresa, então, que a sensação de urgência fosse visivelmente maior que em Asilomar. O resultado imediato foi um novo e generoso financiamento (do milionário da internet Elon Musk) para pesquisas sobre segurança na IA e IA ética – além de uma carta aberta de alerta, assinada por milhares de profissionais de IA, que foi divulgada amplamente pela mídia.

Logo depois, uma segunda carta aberta, redigida por Tom Mitchell e vários outros pesquisadores de ponta, alertava contra o desenvolvimento de armas autônomas que selecionariam e atacariam alvos sem a intervenção humana. Os signatários esperavam "impedir o início de uma corrida global pelas armas de IA". Apresentada na Conferência Internacional de IA, em julho de 2015, ela foi assinada por cerca de três mil cientistas de IA e 17 mil pessoas de áreas afins, recebendo grande cobertura da mídia.

O encontro de Porto Rico também produziu uma carta aberta (em junho de 2015), redigida pelos economistas do MIT Erik Brynjolfsson e Andy McAfee. Ela era endereçada a formuladores de políticas, empresários e homens de negócio, bem como a economistas profissionais. Alertando contra as consequências políticas potencialmente radicais da IA, eles deram algumas sugestões de políticas públicas que poderiam aliviar os riscos – embora sem eliminá-los.

Janeiro de 2017 assistiu ao segundo encontro para convidados sobre a IA benéfica. Organizado, uma vez mais, por Tegmark, ele teve lugar no ambiente emblemático de Asilomar.

Esses esforços da comunidade de IA estão convencendo os financiadores governamentais dos dois lados do Atlântico Norte da importância das questões sociais/éticas. O Departamento de Defesa e a Fundação Nacional de Ciência, ambos dos EUA, disseram recentemente que estão dispostos a financiar essas pesquisas. Mas esse apoio não é totalmente novo: o interesse "governamental" vem crescendo há anos.

Por exemplo: dois Conselhos de Pesquisa britânicos patrocinaram em 2010 um "Retiro Robótico" interdisciplinar, em parte para redigir um código de conduta para os roboticistas. Cinco "Princípios" foram acordados, dois dos quais abordavam preocupações discutidas anteriormente: "(1) Os robôs não devem ser projetados como armas, exceto por razões de segurança nacional", e "(4) Robôs são produtos manufaturados: a ilusão de que eles são dotados de emoção e de vontade não deve ser utilizada para explorar usuários vulneráveis".

Outros dois depositavam a responsabilidade moral diretamente nos ombros *humanos*: "(2) Os agentes responsáveis são os humanos, não os robôs...", e "(5) Deve ser possível descobrir quem é [legalmente] responsável por qualquer robô". O grupo absteve-se de tentar atualizar as "Três Leis da Robótica" de Isaac Asimov (o robô não pode ferir um ser humano, tem de obedecer às ordens que lhes sejam dadas por seres humanos e proteger a sua própria existência, desde que tal proteção não entre em conflito com a primeira lei). Eles insistiram que, nesse caso, todas as "leis" devem ser obedecidas pelo *criador/construtor humano*, não pelo robô.

Em maio de 2014, uma iniciativa acadêmica financiada pela Marinha americana (7,5 milhões de dólares durante cinco anos) foi saudada por toda a mídia. Trata-se de um projeto que junta cinco universidades (Yale, Brown, Tufts, Georgetown e o Instituto Rensselaer) e que tem por objetivo desenvolver "competência moral" em robôs. Ele envolve psicólogos cognitivos e sociais e filósofos morais, bem como programadores e engenheiros de IA.

Esse grupo interdisciplinar não está tentando oferecer uma lista de algoritmos morais (comparáveis às Leis de Asimov), nem priorizar uma metaética específica (o utilitarismo, p. ex.), nem mesmo definir um conjunto de valores morais não concorrentes. Em vez disso, espera desenvolver um sistema computacional capaz de raciocínio moral (e de *discussão* moral) no mundo real. Isso porque os robôs autônomos, em certas ocasiões, tomarão decisões deliberativas, em vez de simplesmente seguir ordens (e, menos ainda, reagir de maneira inflexível a dicas "situadas" – ver Capítulo 5). Por exemplo: se um robô estiver envolvido em uma operação de busca e salvamento, quem ele deve evacuar/salvar primeiro? Ou, se ele estiver fazendo companhia a alguém, quando deve evitar dizer a verdade ao usuário? Ou nunca deve fazê-lo?

O sistema sugerido combinaria percepção, ação motora, PLN, raciocínio (tanto dedutivo como analógico) e emoção. Esta última incluiria o pensamento emocional (que pode sinalizar eventos importantes e também programar objetivos conflitantes – ver Capítulo 3); telas robóticas de "objeção e perigo", que poderiam influenciar as decisões morais tomadas pelas pessoas que interagem com ele; e a identificação de emoções nos humanos que o rodeiam. E, como diz o anúncio oficial, o robô pode até "exceder" a competência moral habitual (i. e., humana).

Considerando os obstáculos à AGI mencionados nos Capítulos 2 e 3, somados às dificuldades relacionadas especificamente à moralidade (ver Capítulo 6), poderíamos duvidar que essa tarefa fosse realizável. Apesar disso, o projeto poderia valer a pena. Pois, ao levar em conta problemas do mundo real (como os dois exemplos muito diferentes apresentados anteriormente), ele pode servir de alerta aos inúmeros riscos de se utilizar a IA em situações moralmente problemáticas.

Além desses esforços institucionais, um número crescente de cientistas de IA estão se voltando para aquilo que Eliezer Yudkowsky chama de "IA amistosa". Trata-se de uma IA que tem efeitos positivos para a humanidade, sendo, ao mesmo tempo, segura e útil. Ela conteria algoritmos inteligíveis, confiáveis e robustos que, quando falham – se é que falham –, falham com elegância. Eles devem ser transparentes, previsíveis e à prova de manipulação por hackers – e se a sua confiabilidade puder ser demonstrada por meio da lógica ou da matemática, e não por meio de testes empíricos, melhor ainda.

Os seis milhões de dólares doados por Musk no encontro de Porto Rico levou imediatamente a uma "Chamada por propostas" sem precedentes por parte do FLI (seis meses depois, 37 projetos tinham sido financiados). Dirigida a especialistas em "políticas públicas, direito, ética, economia ou educação e sensibilização", bem como em IA, ela cobrava "projetos de pesquisa que visem maximizar os futuros benefícios sociais da inteligência artificial, e que ao mesmo tempo evitem riscos potenciais, não se limitando às pesquisas concentradas explicitamente no objetivo-padrão de tornar a IA mais capaz, mas em torná-la mais robusta e/ou mais útil...". É possível que esse apelo oportuno por uma IA amistosa tivesse acontecido de qualquer maneira. Mas as digitais da singularidade eram visíveis: "Será dada prioridade", dizia a convocatória, "às pesquisas que visem manter a IA robusta e útil, mesmo que elas venham a afastar, em grande medida, as atuais capacidades...".

Em suma: as visões semiapocalípticas do futuro da IA são ilusórias. Porém, graças em parte a elas, a comunidade de IA – além dos formuladores de políticas e do grande público – está se dando conta de alguns riscos muito concretos. Já não era sem tempo.

# Referências bibliográficas

*Observação.* Nas referências a seguir, "MasM" indica as partes mais relevantes de *Mind as Machine*, de Boden.
(Para o sumário de MasM, *ver* a seção "Key Publications" do meu site: <www.ruskin.tv/margaretboden>.)

## Capítulo 1: O que é inteligência artificial?

MasM. Cap. 1.i.a; 3.ii-v; 4; 6.iii-iv; 10; 11.

As citações de Ada Lovelace foram extraídas de: LOVELACE, A. A. "Notas do tradutor", 1843. Republicado em: HYMAN, R. A. (org.). *Science and Reform*: Selected Works of Charles Babbage. Cambridge: Cambridge University Press, 1989. p.267-311.

BLAKE, D. V.; UTTLEY, A. M. (orgs.). *The Mechanization of Thought Processes*. v.1. Londres: Her Majesty's Stationery Office, 1959. Contém vários documentos antigos, incluindo descrições da Pandemonium e de Perceptrons, além de uma discussão sobre a IA e o senso comum.

MCCULLOCH, W. S.; PITTS, W. H. A Logical Calculus of the Ideas Immanent in Nervous Acitivity. *Bulletin of Mathematical Biophysics*, v.5, p.115-33, 1943. Republicado em: PAPERT, S. (org.). *Embodiments of Mind*. Cambridge, Massachusetts: MIT Press, 1965. p.19-39.

FEIGENBAUM, E. A.; FELDMAN, J. A. (orgs.). *Computers and Thought*. Nova York: McGraw-Hill, 1963. Uma coletânea importante de antigos documentos sobre IA.

## Capítulo 2: Inteligência geral como o Santo Graal

MasM. Seç. 6.iii; 7.iv; e cap. 10; 11; 13.

BOUKHTOUTA, A. et al. *Descriptions and Analysis of Military Planning Systems*. Quebec, Canadá: Canadian Defence and Development Technical Report, 2005. Mostra como o planejamento de IA avançou desde os seus primórdios.

MNIH, V.; HASSABIS, D. et al. Human-Level Control through Deep Reinforcement Learning. *Nature*, v.518, p.529-33, 2015. Este ensaio de autoria da equipe DeepMind descreve o jogador de Atari.

SILVER, D.; HASSABIS, D. et al. Mastering the Game of Go without Knowledge. *Nature*, v.550, p.354-9, 2017. Ele descreve a última versão (2016) do programa *AlphaGo* da DeepMind (para a versão anterior, ver *Nature*, v.529, p.484-9, 2016).

A citação de Allen Newell e Herbert Simon foi extraída de: NEWELL, A.; SIMON, H. *Human Problem Solving*. Englewood-Cliffs, Nova Jersey: Prentice-Hall, 1972.

A citação "são necessários novos paradigmas" é de autoria de: LECUN, Y.; BENGIO, Y.; HINTON, G. E. Deep Learning. *Nature*, v.521, p.436-44, 2015.

MINSKY, M. L. Steps Toward Artificial Intelligence. *Heuristic Aspects of the Artificial Intelligence Problem*, 1956. Publicado inicialmente como um relatório técnico do MIT e republicado inúmeras vezes.

LAIRD, J. E.; NEWELL, A.; ROSENBLOOM, P. Soar: An Architecture for General Intelligence. *Artificial Intelligence*, v.33, p.1-64, 1987.

## Capítulo 3: Linguagem, criatividade e emoção

MasM. Cap. 7.ii; 9.x-xi; 13.iv; 7.id-f.

BAKER, S. *Final Jeopardy*: The Story of Watson, the Computer that Will Transform our World. Boston: Mariner Books, 2012. Um relato agradável de ler, embora não crítico, de um sistema interessante de Big Data.

GRAVES, A.; MOHAMED, A.-R.; HINTON, G. E. Speech Recognition with Deep Recurrent Neural Nretworks. In: IEEE INTERNATIONAL CONFERENCE ON ACOUSTICS, SPEECH, AND SIGNAL PROCESSING. 26-31 maio 2013, Vancouver, Canadá. *Proceedings of...* Vancouver, Canadá: IEEE, 2013. p.6645-9.

COLLOBERT, R. et al. Natural Language Processing (Almost) from Scratch. *Journal of Machine Learning Research*, v.12, p.2493-537, 2011.

A citação que descreve a sintaxe como superficial e redundante é de autoria de: WILKS, Y. A. (org.). *Language, Cohesion and Form*: Margaret Masterman (1910-1986). Cambridge: Cambridge University Press, 2005. p.266.

BARTLETT, J.; REFFIN, J.; RUMBALL, N.; WILLIAMSON, S. *Anti-Social Media*. Londres: Demos, 2014.

BODEN, M. A. *The Creative Mind*: Myths and Mechanisms. 2.ed. Londres: Routledge, 2004.

_____. *Creativity and Art*: Three Roads to Surprise. Oxford: Oxford University Press, 2010. Essa coletânea de doze ensaios aborda, em grande medida, a arte computacional.

SIMON, H. A. Motivational and Emotional Controls of Cognition. *Psychological Review*, v.74, p.39-79, 1967.

SLOMAN, A. Beyond Shallow Models of Emotion. *Cognitive Processing: International Quarterly of Cognitive Science*, v.2, p.177-98, 2001.

WRIGHT, I. P.; SLOMAN, A. *Minder*: An Implementation of a Protoemotional Architecture. Disponível em: </ftp:/ftp.cs.bham.ac.uk/pub/tech-reports/1997/CSRP-97-01.ps.gz>.

## Capítulo 4: Redes neurais artificiais

MasM. Cap. 12; 14.

RUMELHART, D. E.; MCCLELLAND, J. L. (orgs.). *Parallel Distributed Processing*: Explorations in the Microstructure of Cognition. v.1: *Foundations*. Cambridge, Massachusetts: MIT Press, 1986. O volume inteiro é relevante, mas o aprendiz do pretérito verbal (de autoria de Rumelhart e McClelland) está descrito nas p.216-72.

CLARK, A. *Surfing Uncertainty*: Prediction, Action, and the Embodied Mind. Oxford: Oxford University Press, 2016. Uma resenha das abordagens bayesianas na ciência cognitiva. Ver também o ensaio de LeCun et al., e as duas referências da equipe de Demis Hassabis mencionadas anteriormente no Capítulo 2.

As duas citações a respeito do escândalo das redes foram extraídas de: MINSKY, M. L.; PAPERT, S. A. *Perceptrons*: An Introduction to Computational Geometry. 2.ed. Cambridge, Massachusetts: MIT Press, 1988. p.viii-xv, 247-80.

PHILIPPIDES, A.; HUSBANDS, P.; SMITH, T.; O'SHEA, M. Flexible Couplings Diffusing Neuromodulators and Adaptive Robotics. *Artificial Life*, v.11, p.139-60, 2005. Uma descrição das GasNets.

COOPER, R.; SCHWARTZ, M.; YULE, P.; SHALLICE, T. The Simulation of Action Disorganization in Complex Activities of Daily Living. *Cognitive Neuropsychology*, v.22, p.959-1004, 2005. Descreve um modelo computacional da teoria da ação híbrida de Shallice.

DAYAN, P.; ABBOTT, L. F. *Theoretical Neuroscience*: Computational and Mathematical Modelling of Neural Systems. Cambridge, Massachusettst: MIT Press, 2001. Esse livro não discute a IA tecnológica, mas mostra como as ideias oriundas da IA estão influenciando o estudo do cérebro.

## Capítulo 5: Robôs e vida artificial

MasM. Cap. 4.v-viii; 15.

BEER, R. D. *Intelligence as Adaptive Behavior*: An Experiment in Computational Neuroethology. Boston: Academic Press, 1990.

WEBB, B. A Cricket Robot. *Scientific American*, v.275, n.6, p.94-9, 1996.

BROOKS, R. A. Intelligence without Representation. *Artificial Intelligence*, v.47, p.139-59, 1991. O ensaio seminal sobre robótica estabelecida.

KIRSH, D. Today the Earwig, Tomorrow Man?. *Artificial Intelligence*, v.47, p.161-84, 1991. Uma resposta cética à robótica estabelecida.

HARVEY, I.; HUSBANDS, P.; CLIFF, D. Seeing the Light: Artificial Evolution, Real Vision. *From Animals to Animats 3*. Cambridge, Massachusetts: MIT Press, 1994. p.392-401. Descreve a evolução de um detector de direção em um robô.

BIRD, J.; LAYZELL, P. The Evolved Radio and its Implications for Modelling the Evolution of Novel Sensors. In: CONGRESS ON EVOLUTIONARY COMPUTATION, CEC-2002. *Proceedings of...* Vancouver, Canadá: IEEE, 2002. p.1836-41.

TURK, G. Generating Textures on Arbitrary Surfaces Using Reaction-Diffusion. *Computer Graphics*, v.25, p.289-98, 1991.

GOODWIN, B. C. *How the Leopard Changed its Spots*: The Evolution of Complexity. Princeton: Princeton University Press, 1994.

LANGTON, C. G. Artificial Life. In: LANGTON, C. G. (org.). *Artificial Life*. Redwood City: Addison-Wesley, 1989. p.1-47. Edição revista em: BODEN, M. A. (org.). *The Philosophy of Artificial Life*. Oxford: Oxford University Press, 1996. p.39-94. O ensaio que definiu a "vida artificial".

## Capítulo 6: Mas será que isso é inteligência de verdade?

MasM. Cap. 7.i.g; 16.

TURING, A. M. Computing Machinery and Intelligence. *Mind*, v.59, p.433-60, 1950.

As citações referentes ao "problema difícil" foram extraídas de: CHALMERS, D. J. Facing up to the Problem of Consciousness. *Journal of Consciousness Studies*, v.2, n.3, p.200-19, 1995.

A citação de J. A. Fodor foi extraída de: FODOR, J. A. The Big Idea: Can There Be a Science of Mind?. *Times Literary Supplement*, p.5-7, 3 jul. 1992.

FRANKLIN, S. A Foundational Architecture for Artificial General Intelligence. In: GOERTZEL, B.; WANG, P. (orgs.). *Advances in Artificial General Intelligence*: Concepts, Architectures, and Algorithms. Amsterdã: IOS Press, 2007. p.36-54.

DENNETT, D. C. *Consciousness Explained*. Londres: Allen Lane, 1991.

SLOMAN, A.; CHRISLEY, R. L. Virtual Machines and Consciousness. In: HOLLAND, O. (org.). *Machine Consciousness* (Exeter Imprint Academics). *Journal of Consciousness Studies*, ed. esp., v.10, n.4, p.133-73, 2003.

PUTNAM, H. Minds and Machines. In: HOOK, S. (org.). *Dimensions of Mind*: A Symposium. Nova York: New York University Press, 1960. p.148-79.

A citação acerca do Sistema de Símbolo Físico é de autoria de: NEWELL, A.; SIMON, H. A. *Human Problem Solving*. Englewood-Cliffs, Nova Jersey: Prentice-Hall, 1972.

GALLAGHER, S. Phenomenology and Embodied Cognition. In: SHAPIRO, L. (org.). *The Routledge Handbook of Embodied Cognition*. Londres: Routledge, 2014. p.9-18.

DENNETT, D. C. *Elbow Room*: The Varieties of Free Will Worth Wanting. Cambridge, Massachusetts: MIT Press, 1984.

MILLIKAN, R. G. *Language, Thought, and other Biological Categories*: New Foundations for Realism. Cambridge, Massachusetts: MIT Press, 1984. Uma teoria evolutiva da intencionalidade.

## Capítulo 7: A singularidade

KURZWEIL, R. *The Singularity Is Near*: When Humans Transcend Biology. Londres: Penguin, 2005.

_____. *The Age of Spiritual Machines*: When Computers Exceed Human Intelligence. Londres: Penguin, 2008.

BOSTROM, N. A History of Transhumanist Thought. *Journal of Evolution and Technology*, v.14, n.1, p.1-25, 2005.

SHANAHAN, M. *The Technological Singularity*. Cambridge, Massachusetts: MIT Press, 2015.

FORD, M. *The Rise of the Robots*: Technology and the Threat of Mass Unemployment. Londres: Oneworld Publications, 2015.

CHACE, C. *Artificial Intelligence and the Two Singularities*. Londres: Chapman and Hall; CRC Press, 2018.

BOSTROM, N. *Superintelligence*: Paths, Dangers, Strategies. Oxford: Oxford University Press, 2014.

WALLACH, W. *A Dangerous Master*: How to Keep Technology from Slipping Beyond our Control. Oxford: Oxford University Press, 2015.

BRYNJOLFSSON, E.; MCAFEE, A. *The Second Machine Age*: Work, Progress, and Prosperity in a Time of Brilliant Technologies. Nova York: W. W. Norton, 2014.

WILKS, Y. A. (org.). *Close Engagements with Artificial Companions*: Key Social, Psychological, Ethical, and Design Issues. Amsterdã: John Benjamin, 2010.

BODEN, M. A. et al. Principles of Robotics: Regulating Robots in the Real World. 2011. Disponível no site do EPSRC: <www.epsrc.ac.uk/research/ourportfolio/themes/>.

# Leituras complementares

BODEN, M. A. *Mind as Machine*: A History of Cognitive Science. 2v. Oxford: Oxford University Press, 2006. Com exceção da aprendizagem profunda e da singularidade, todos os tópicos mencionados neste *Inteligência artificial: uma brevíssima introdução* são examinados de maneira mais detalhada em *Mind as Machine*.

CLARK, A. J. *Microcognition: Philosophy, Cognitive Science, and Parallel Distributed Processing*. Cambridge, Massachusetts: MIT Press, 1989. Um relato das diferenças entre a IA simbólica e as redes neurais. Embora as redes neurais atuais sejam muito mais complexas que as descritas nesse livro, os principais pontos de comparação ainda são válidos.

DREYFUS, H. L. *What Computers Still Can't Do*: A Critique of Artificial Reason. 2.ed. Nova York: Harper and Row, 1992. O clássico ataque, baseado na filosofia heideggeriana, da própria ideia de IA. (Conheça seus inimigos!)

RUSSELL, S.; NORVIG, P. *Artificial Intelligence*: A Modern Approach. 3.ed. Londres: Pearson, 2013. Este é o principal manual sobre IA.

FRANKISH, K.; RAMSEY, W. (orgs.). *Cambridge Handbook of Artificial Intelligence*. Cambridge: Cambridge University Press, 2014. Descreve as diversas áreas da IA, de forma menos técnica que Russell e Norvig (2013).

HANSELL, G. R.; GRASSIE, W. (orgs.). *H +/−: Transhumanism and its Critics*. Filadélfia: Metanexus, 2011. Declarações e críticas a respeito da filosofia transumanista apoiada por alguns visionários da IA e do futuro transumanista previsto por eles.

HUSBANDS, P.; HOLLAND, O.; WHEELER, M. W. (orgs.). *The Mechanical Mind in History*. Cambridge, Massachusetts: MIT Press, 2008. Os catorze capítulos (e cinco entrevistas com pioneiros da IA/vida artificial) descrevem as primeiras pesquisas de IA e de cibernética.

MINSKY, M. L. *The Emotion Machine*: Commonsense Thinking, Artificial Intelligence, and the Future of the Human Mind. Nova York: Simon & Schuster, 2006. Escrito por um dos criadores da IA, esse livro usa conceitos de IA para explicar a natureza dos pensamentos e das experiências do dia a dia.

WHITBY, B. *Reflections on Artificial Intelligence*: The Social, Legal, and Moral Dimensions. Oxford: Intellect Books, 1996. Uma discussão dos aspectos da IA que quase sempre são ignorados.

# ÍNDICE REMISSIVO

**A**

Aaron, programa 102
ACT-R (Adaptive Control of Thought – Controle Adaptativo do Pensamento Racional) 74-6, 137, 171
Adaline 35
administrador de conflitos 138-9
agentes 66-7, 109
AGI (artificial general intelligence – inteligência artificial geral) 20, 37-81, 110, 113, 139, 165, 167, 170, 179, 184-5, 187, 188-9, 191-2, 195-7, 199-200, 202-3, 208-9, 227
algoritmo DQN 71-2, 126, 128
algoritmos "saco de palavras" 71
algoritmos genéticos (AGs) 151, 154-5
AlphaGo; AlphaZero, programa 73, 126
análise conversacional 93-4
análise de sentimento 92
analogias 53, 97, 99, 175
Anderson, James 130
Anderson, John 74-5, 79, 81, 139, 174
aprendiz do tempo verbal pretérito 113, 130
aprendizagem de reforço 67-9, 71-2, 119, 126, 137
aprendizagem não supervisionada 70, 119, 141, 156, 162
aprendizagem profunda 36, 53, 60, 62, 71, 73, 85, 89, 91, 101, 111, 113-4, 122-9, 137
arquiteturas de quadro-negro 50, 175
arte computacional 14, 97, 101-2, 167
arte evolutiva 14, 59, 101-2, 152
Ashby, William Ross 29-30, 32
atribuição de crédito 69, 123, 152
atribuição-padrão 57, 191
autoconhecimento 190-3
autômatos celulares (ACs) 19-20, 29-30, 147, 161-2

auto-organização 27-9, 32, 34, 112, 129, 141, 156-63, 194-5

## B

Baars, Bernard 174-5
Bach, Joscha 81
Bateson, Gregory 29, 31
Beer, Randall 144, 146
Berners-Lee, Timothy 59
Beurle, Raymond 27, 30
Big Data 21, 52-3, 68, 91-2, 94, 209
Binsted, Kim 55
biologia do desenvolvimento 156-63
Bletchley Park 22-3, 168, 200
blocagem 76-7
Bostrom, Nick 204
Brooks, Rodney 148-50
Brynjolfsson, Erik 225
busca exaustiva 41
busca ponderada 91

## C

Calo (Cognitive Assistant that Learns and Organizes – Assistente Cognitivo que Aprende e Organiza) 80
células avós 61, 127
*células que disparam juntas permanecem conectadas* 120
cenários de aptidão 155
Chalmers, David, 169
Chomsky, Noam 114

Churchland, Paul 175-6, 179
cibernética 28-32, 33-4, 36, 129, 187, 194, 221
Clarion 80, 137
codificação preditiva 127
CogAff 107-8
cognição distribuída 66-7, 75, 147-8
Cohen, Harold 102
Colby, Kenneth 103, 167
Colton, Simon 102
competição anual de Loebner 168
compreensão 20, 47, 59, 78, 83, 85, 90-1, 182-5, 187-8, 219
computação neuromórfica 128, 135, 210-1
computação subsimbólica 116
conexionismo, *ver* redes neurais
consciência, 15, 31, 50, 67, 80-1, 97, 107-10, 131, 137, 139, 165, 167, 168-79, 181, 184-8, 191-2, 196, 207, 213
contar histórias 54, 84
contexto 86-8, 92-5, 106-7, 172, 192, 201, 218
controle executivo 49, 138-9
controle hierárquico 66, 112-3
Cope, David 101
Craik, Kenneth 29
criatividade 15, 38, 83-110, 156, 160, 165, 180
CSER (Centre for the Study of Existential Risk – Centro para o

Estudo do Risco Existencial) 223-4
CYC 53, 56, 77-9, 89-90, 100, 171, 214

### D

Davey, Anthony 84
Deep Blue 41-2, 95
DeepMind 126, 137
*degradação elegante* 116
deliberação reativa 150
demonstração de resolução de teorema 25, 56-7
Dennett, Daniel 175-9, 191, 193
Departamento de Defesa americano 42, 77, 131, 225
Desafio do Reconhecimento Facial em Grande Escala 62
detectores de direção 135, 153, 162-3, 184
Dorner, Dietrich 81

### E

Edmonds, Ernest 102
Elman, Jeff 124
emoção 38, 46, 81, 83-110, 132, 134, 188, 191, 193, 213, 219, 226-7
emulação total do cérebro 176, 208, 209-14
equilíbrio 30, 121-2, 130-1, 144
escândalos 129-33
espaço de busca 39-43, 46, 70

estatística 19-20, 27, 52, 67-72, 76, 89, 91, 94-5, 98-9, 121, 127, 215
evolução 15, 19-20, 22, 29, 41, 100, 102, 107, 119, 123, 135, 141, 150-7, 162-3, 184, 194-5, 206-7
explosão combinatória 39, 57, 130

### F

Facebook 71
feedback 28-32, 68-9, 76-7, 117, 127, 159
fenomenologia 60, 186-8, 196-7
FHI (Future of Humanity Institute – Instituto do Futuro da Humanidade) 223
filosofia da mente 15, 35, 59, 107, 115, 119, 131-2, 165-97, 207
física popular 53, 77-8
FLI (Future of Life Institute – Instituto do Futuro da Vida) 223-4, 228
Fodor, Jerry 169, 174
forma de vida 96, 186-8
formiga de Simon 74
frames 52-5, 56, 64
Franklin, Stan 80, 139, 170-1, 175, 184, 187
Friston, Karl 194
funcionalismo 179, 181
funções de adequação ou aptidão 100, 151-2

## G

GasNet 103, 134
Gibson, James 60
Goertzel, Ben 80
Gofai (Good Old-Fashioned AI – A boa e velha IA) 19, 26-8, 31, 39-40, 43, 47, 68, 87, 130, 137, 150; *ver também* IA simbólica
Good, "Jack", 200-1
Goodwin, Brian 159-61
Google 14, 47, 59-61, 71-2, 85, 90-1, 93, 126, 220
  motor de busca do 14, 47, 91
Gould, Stephen Jay 155
Grey Walter, William 29-30, 32, 35, 142

## H

Harvey, Inman 152-3
Haugeland, John 134
Hawking, Stephen 200, 224
Hebb, Donald 120-1
Helmholtz, Hermann von 125
  máquinas de 71
heurística 26, 40-2, 44, 46, 57, 62
hierarquia 44, 49-50, 112-3, 124-5, 127, 136
hierarquia do objetivo 25-6, 43-4, 48-9, 112-3
Hinton, Geoffrey 123-7, 131, 136
hipótese do sistema de símbolo físico 119, 181-2
hipótese ou pressuposto i.i.d. 46, 70-1
Hofstadter, Douglas 193
Holland, John 152
homeostato 30
Hopfield, John 130
Horvitz, Eric 224
humanidade 15, 190, 200, 204, 206, 228
Hutchins, Edwin 148

## I

"IA amistosa" 40-1, 228-9
IA evolutiva 20-1, 22, 99-100, 123, 141, 150-56
IA militar 14, 42, 148-9, 221
IA sexual 103-4, 220
IA simbólica 19-21, 25, 31-6, 37-81, 112-3, 117-9, 121-2, 129-32, 138, 148-51, 181, 183, 187
imagens ou semelhanças familiares 115, 182
imortalidade 185-6, 199, 202, 204-5
inefabilidade (dos qualia) 178-9
insetos 142-50
inteligência sobre-humana 15, 25, 199-229
intencionalidade 28, 183-5, 196
interação ser humano-computador 32, 66, 77, 106, 188, 190

## J

Jape 55
Jeopardy! 94-5
Jonas, Hans 194

## K

Kirsh, David 149, 182
Kohonen, Teuvo 130
Kurzweil, Ray 200-3, 205-7, 212

## L

Langton, Christopher 161-2
Latham, William 102
Lei de Moore 202, 208, 212
Leis de Asimov 226-7
Lida (Learning Intelligent Distribution Agent – Agente de Distribuição Inteligente do Aprendizado) 31, 67, 80-1, 107, 137, 139, 170-5, 180-1, 184, 192, 213
linguagem, *ver* PLN
linguagens de programação 17, 24-5
Linsker, Ralph 162-3
livre-arbítrio 15, 58, 165, 191-2
lógica 20, 23-8, 34-6, 48-50, 55-9, 62-3, 77, 89, 112, 136-7, 150, 182, 228
lógica de predicados 56
lógica difusa 58
lógica modal 62-3
lógica não monotônica 58, 77
lógica proposicional 23-4, 56
Longuet-Higgins, Christopher 130
Lovelace, Ada 20-2, 51, 209

## M

Mackay, Donald 33, 136
Mackworth, Alan 150
máquina
    consciência da 168-75
    aprendizagem automática 67-73, 89-9, 111-39, 215
    tradução automática 59, 85, 86-91
Máquina de Teoria Lógica 25-6, 43
máquinas de Boltzmann 121, 125, 130-1
máquinas de vetores de suporte 71
máquinas virtuais 16-8, 19, 24-5, 36, 37, 112, 139, 178-82, 185-6, 190, 192-3, 207, 212-3
Marr, David 60
Masterman, Margaret 87-8, 91
McAfee, Andy 225
McCarthy, John 34, 38, 58, 64, 78, 221-2
McClelland, Jay 131, 174
McCormack, Jon 102
McCulloch, Warren 23-9, 32-3
McGinn, Colin 169
memória associativa 54, 76, 118, 130
memória de conteúdo endereçável 116
mente como máquina virtual 30, 36, 181, 185-6, 190, 207

mente estendida 207
mente incorporada 148-9, 186-7
metabolismo 28, 194-5
metafísica 58, 179-80, 196-7
MicroPsi 81
Millikan, Ruth 184
Minder 81, 107-10
mineração de dados 68, 91-2
Minsky, Marvin 34-5, 81, 107, 129-32, 136, 139, 193
Miri (Machine Intelligence Research Institute – Instituto de Pesquisa de Inteligência de Máquina) 223
Mitchell, Tom 79, 224
modelos cerebrais 29, 142; *ver também* representações
moralidade 56, 80, 160, 165, 189, 190-3, 227
motivos 57, 65, 81, 86, 102, 108, 166, 185, 191-2, 200, 203, 209, 214, 216, 221
Musk, Elon 224, 228

## N

Neisser, Ulric 134
Nell (Never-Ending Language Learner – Aprendiz de Linguagens sem Limite) 79-80
neurociência 14-5, 18, 61, 68, 70, 72, 107, 113, 122, 125-8, 133-4, 138-9, 146, 162, 168, 209, 211-4

neuroetologia computacional 144-6
neuromoduladores 103, 128, 133-5
neuroproteína 180, 185-6, 205
Newell, Allen 48, 74-5, 79, 139, 181-4
Norman, Donald 131, 137, 174

## O

OpenCog 80
OpenCyc 77-8

## P

Pandemonium 31, 35, 72, 175
Papert, Seymour 35, 129-2
parâmetro lambda 162
Parnas, David 222
*Paro* 105-6, 218
Pask, Gordon 29, 32
PDP (processamento distribuído em paralelo) 35-6, 115-32, 136-8, 174, 180
perceptrons 34-5, 111-3, 129-30
piadas 55, 99
Picard, Rosalind 107
Pitts, Walter 23-9
planejamento 13, 19-20, 24-6, 40, 42-5, 49, 64, 72, 81, 108, 138-9, 142-3, 149-50, 172-3, 191, 213
PLN (processamento de linguagem natural) 56, 59, 77-8, 83-96, 101, 105, 183, 205, 219, 227
Post, Emil 48

previsão de erros 123-4, 127
princípio da energia livre 194
privacidade
    dos qualia 178
    social 220-1
probabilidade 23, 46, 48, 53, 67-72, 76-7, 89, 95, 111-39
probabilidade ou estatística bayesiana 68, 70-1, 77, 120, 127-8
problema do frame 64-6, 79-80, 96, 142-3, 175, 215
problema mente-corpo 15, 179-82
processamento de linguagem natural, *ver* PLN
processamento distribuído paralelo, *ver* PDP
processamento do discurso 85, 88-9, 126, 146-7
programação baseada em regras 48-52
prova de convergência 129-31
psicologia 14-5, 18, 20, 24, 27, 29, 33-4, 41, 43, 48, 60, 63-4, 67-8, 70, 74-5, 81, 97, 107, 113-9, 129-31, 134, 137, 142-3, 149, 156, 174-5, 182, 187-9, 196, 204-5, 208, 212-4, 219, 226
psicologia do desenvolvimento 113-4
Putnam, Hilary 179, 194, 196

# Q

Quillian, Ross 54

# R

raciocínio baseado em casos 99
Ray, Thomas 155
reação de difusão 157, 160-3
realidade virtual 14, 16, 202, 206-7
reconhecimento de padrão 19, 31, 34-5, 71, 75-6, 111-39
recozimento simulado 121-2, 125
recuperação de informação 87-8, 91
redes construtivas 119
redes distribuídas 27, 55, 111-39
redes localistas 54, 116, 123-4, 136
redes multicamadas 36, 61, 71, 124-6, 130, 162
redes neurais 19-20, 22-4, 26-7, 33, 35-6, 39, 48, 55, 60, 67-8, 111-39, 153
redes neutras 155
redes recorrentes 112-3, 124-5
redes semânticas 48, 52-5, 77
regras SE-ENTÃO 23, 48-52, 74-5
relevância 22-3, 26, 43-4, 50, 64-6, 69, 76-7, 86-96, 98-9, 101, 112, 120-1, 133, 139, 144, 158, 161, 168, 172-3, 175, 184, 187, 208, 215
representação do conhecimento 40, 46-7, 47-59, 62-4, 70-1, 80, 124; *ver também* redes neurais
representações 29, 45, 59-60, 114-5, 142-3, 148-9, 182

representações analógicas 63, 80
representações esparsas 118, 171
ResearchCyc 77-8
respostas a perguntas 85, 93-6
retropropagação 46, 120, 122-9
Ritchie, Graeme 55
RNAs, *ver* redes neurais
robô(s) 13-4, 17-9, 30, 32, 45, 49, 54, 62-4, 67, 80, 86, 103-6, 134, 139, 141-63, 165, 184, 187-8, 194-5, 203, 216, 218-22, 226-7
 babás, 104, 108-9, 218, 220
 jogador de futebol 45, 150
robôs de companhia 14, 54, 103-7, 146-7, 188, 218-9
robôs Rover de Marte 62, 143
robótica de enxame 67, 147-8
robótica estabelecida 19, 39, 45, 74, 141-50, 182, 187
Rosenblatt, Franklin 34-5, 111, 113, 129-30
Rumelhart, David 131, 174
Russell, Bertrand 23-5
Russell, Stuart 200, 215, 224

## S

Sala chinesa 183
Samuel, Arthur 25
satisfação de restrições 115, 121
Schmidhuber, Jurgen 125
scripts 52-5, 84
Searle, John 182-5
Selfridge, Oliver 29, 31
semântica composicional 56, 89
senso comum; bom senso 38, 53, 78-9, 87, 89, 215; *ver também* física popular; relevância
Shallice, Timothy 137-88
Sharkey, Noel 222
Sherrington, Charles 23-4, 30
SHRDLU 85-7, 222
Simon, Herbert 48, 78, 103, 107, 181-2, 184
singularidade 199-229
sintaxe 86-90, 101, 184
Siri 47, 59, 80, 85, 93-5
sistemas de produção 48-51, 76
sistemas dinâmicos 19-20, 27-30, 156-63
sistemas especialistas 37-8, 50-2, 57
sistemas híbridos 19, 33, 36, 75-6, 132, 136-9, 150, 171
Skype 91, 223
Sloman, Aaron 80-1, 107-8, 139, 175, 178-80, 185
Smith, Brian Cantwell 196-7
Soar (Sucess Oriented Achievement Realized) 74-9, 139, 171
Solucionador de Problemas Gerais (General Problem Solver – GPS) 25-6, 43
Stand Up 55
Stockfish 73
supercomputadores 39-40, 68, 128

suposições simplificadoras 39, 46-7
Systran 90

## T

Tallinn, Jaan 223
Tegmark, Max 224-5
teoria da infomax 163
teoria da mente 189, 192-3
teoria da sociedade da mente 139
teoria do espaço de trabalho global (Global Workspace Theory – GWT) 171-5
termodinâmica 27, 121, 130-1
Thompson, D'Arcy 161
trajetórias representacionais 114
trans-humanismo 205-7
Turing, Alan 21-5, 28-32, 38, 99, 156-63, 166-8, 179-80, 200
    máquina de 22-4, 179
    Teste de 22, 99, 166-8, 179
Turk, Greg 158-9

## U

unidades ocultas 117, 119, 121, 124

## V

vetores de palavras 52-5, 89
vida 14-5, 19, 32-3, 37, 44, 46, 57, 67, 96, 141, 146, 153, 156, 159, 161-3, 186-7, 192-5, 200, 2020
vida artificial 15, 32, 36, 67, 141-63, 194-5
videogame Atari 72-3, 126, 137
Vinge, Vernor 200-3, 223
visão animada 62, 149
visão computacional 50-1, 59-64, 72, 125-7
von Neumann, John 16-7, 29-30, 112, 161, 201

## W

Wallach, Wendell 222
Watson 59, 93-6, 126
web semântica 55-9, 208
Webb, Barbara 145-6
Weizenbaum, Joseph 221-2
Werbos, Paul 123
Whitby, Blay 222
Widrow, Bernard 35
Wiener, Norbert 28
Willshaw, David 130
Winograd, Terry 86, 222
Wittgenstein, Ludwig 182, 187
WolframAlpha 93
WordNet 54, 116
World Wide Web 59

## Y

Yudkowsky, Eliezer 228

### SOBRE O LIVRO

*Formato*: 14 x 21 cm
*Mancha*: 24,6 x 38,4 paicas
*Tipologia*: Adobe Jenson Regular 13/17
*Papel*: Off-white 80 g/m² (miolo)
Cartão supremo 250 g/m² (capa)
1ª edição Editora Unesp: 2020

### EQUIPE DE REALIZAÇÃO

*Edição de texto*
Tulio Kawata (Copidesque)
Nair Hitomi Kayo (Revisão)

*Capa*
Marcelo Girard

*Editoração eletrônica*
Sergio Gzeschnik

*Assistência editorial*
Alberto Bononi